Daniela Tausch-Flammer
Lis Bickel

DIE LETZTEN TAGE

Leben und Sterben im Hospiz

Daniela Tausch-Flammer
Lis Bickel

DIE LETZTEN TAGE

Leben und Sterben im Hospiz

Kreuz

Inhalt

Einleitung

Vielleicht geht es Ihnen auch so, dass Sterben und Tod für Sie mit Angst, mit Schmerz und Schrecken verbunden sind. Da ist oft der erste Impuls: „Nein, ich will da gar nicht hingucken! Das ist zu schlimm und weckt zu viele Erinnerungen." Wir respektieren diese innere Scheu und möchten Sie dennoch ermutigen, die Bilder und Texte dieses Buches auf sich wirken zu lassen. Unser Wunsch ist es, Ihnen mit diesen Bildern und Erfahrungen gleichsam die Tür zum Hospiz zu öffnen, so dass sie einen Blick hineinwerfen können und Ihre Scheu und Ihre Bedenken weniger werden. Sie können selbst entscheiden, wie weit Sie sich einlassen möchten. Sie machen dann vielleicht die Erfahrung: „So schlimm ist es doch nicht. Ich dachte, im Hospiz wird nur getrauert, und es ist da so eine bedrückende und schwere Stimmung. Aber durch diese Bilder und Texte merke ich, dass da ja auch gelacht wird, ja dass die letzten Tage des Lebens noch lebendig erfüllt sein können."

Vielleicht haben Sie das Buch aber auch in Händen, weil Sie sich informieren wollen. Vielleicht weil Sie überlegen, ob Sie selbst dort zum Sterben hingehen möchten, oder weil Sie überlegen, ob ein Hospiz ein Ort der letzten Lebenzeit für einen Ihnen nahen Menschen sein kann. Möglicherweise wirft das Buch für Sie dann noch weitere Fragen auf. Dann möchten wir Sie ermutigen, mit dem Hospiz in Ihrer Nähe Kontakt aufzunehmen (siehe Adressenliste im Anhang).

Das Buch zeigt Bilder des Stuttgarter Hospiz-Dienstes. Wir glauben aber, dass viele Bilder ebenso in einem anderen Hospiz hätten entstehen können. Die Hospize unterscheiden sich vielleicht im Äußeren, in der Anzahl der Zimmer, in der Ausstattung, darin, ob das Haus neu oder alt ist. Die innere Haltung jedoch, die diese Bilder und Erfahrungen ausdrücken wollen, ist allen Hospizen gemeinsam. Es ist das Anliegen, dem sterbenden Menschen Vertrauen und Geborgenheit zu geben.

Hospize waren im Mittelalter Herbergen, die von Nonnen und Mönchen geleitet wurden und Pilger auf dem Weg ins Heilige Land aufnahmen. Diesen Gedanken, Menschen auf ihrem Weg eine Raststätte, eine Herberge zu geben, damit sie Kraft und Mut finden, ihren Weg weiterzugehen, hat die Hospiz-Bewegung aufgegriffen. Ein Zitat von Montaigne drückt dies sehr gut aus:

> „Wenn wir eine weise Frau brauchen,
> um uns ins Leben zu begleiten,
> so brauchen wir jemand ebenso weisen,
> um uns wieder hinauszubegleiten.“

Für uns Autorinnen war die Arbeit an diesem Buch sehr schön. Wir haben uns immer wieder von den Menschen, die sich übrigens gerne fotografieren ließen, begleitet gefühlt. Es war, als ob wir nicht alleine das Buch schrieben, sondern zusammen mit vielen anderen daran gearbeitet haben.

Daniela Tausch-Flammer · Lis Bickel

Das Hospiz

**Sich fast wie
zu Hause fühlen …**

Heute wird mein erster Tag im Hospiz sein. Ich habe mich hier für ein Praktikum beworben. Obwohl ich es wollte, habe ich nun Angst davor. Ob ich das wohl schaffe? Oder ob es mich zu sehr deprimiert? Meine Freundinnen haben mir ja abgeraten. Vielleicht darf man da auch nur flüstern? Und die Zimmer sind sicherlich mit Schwere angefüllt, irgendwie dunkel stelle ich es mir vor."

Diese Ängste und Bedenken haben auch viele Besucher, wenn sie zum ersten Mal ins Hospiz kommen. Aber das Erleben ist dann ganz anders.

Das Haus liegt an einem der Hänge von Stuttgart in einer guten Wohngegend und ist ein altes Haus mit gelebter Geschichte. Das Hospiz selbst befindet sich im ersten Obergeschoss.

Eine alte gewundene Holztreppe führt hinauf. Die Eingangstür hat im oberen Teil Glasfenster, und man hat eher den Eindruck, in eine Privatwohnung zu gehen. Die Tür ist nicht verschlossen, jeder kann tagsüber ohne zu klingeln hereinkommen. In der Diele stehen Holzmöbel, eine gemütliche Couch, auf der oft ein oder zwei Kuscheltiere liegen, Blumen, ein Glockenspiel…

Geht man weiter, so kommt man in die offene Wohnküche, deren Zentrum ein großer Tisch ist, an dem alle miteinander die Mahlzeiten einnehmen.

Von dort geht der Blick in den Wintergarten: Das Grün der Pflanzen innen und das der Bäume von außen verbindet sich wunderbar. Patienten, die sich dort aufhalten, genießen den Blick ins Grüne und in den Himmel, schauen dem Ziehen der Wolken oder dem Fallen der Blätter auf das Dach zu, oder sie

Im Schellenkönig

lauschen einfach dem Regen. Hier treffen sie sich, reden mit den Angehörigen, sitzen lesend oder schweigend.

Von der Diele und der Essküche gehen die sechs Zimmer ab. Jedes ist anders, so wie die Zimmer in einer Wohnung unterschiedlich sind. Sie sind relativ klein, dafür haben sie aber eine wohnliche Atmosphäre: Holzbetten, farbige Gardinen und bunte Bettwäsche, Holzschränke, Tisch und Stuhl.

Die Patienten werden ermutigt, eigene Bilder oder kleinere Gegenstände mitzubringen, damit sie Zeichen von zu Hause bei sich haben.

Es war ein großes Anliegen hier im Hospiz, auch durch die Einrichtung eine Atmosphäre der Geborgenheit herzustellen. Schöne Bilder einer Künstlerin schmücken die Wände. In diesen Bildern klingen sehr behutsam die Themen Begleiten, Nähe, Licht, Tod und Nachtodliches an. Jeder Patient kann sich aber auch ganz andersartige Fotos, Bilder oder Plakate aufhängen.

Dieses Gleichgewicht von Angebot und Freiheit, das ermöglicht, dass jeder sich, so weit möglich, den Lebensraum selbst gestalten kann, ist im Hospiz grundlegend wichtig.

Zum Hospiz gehört auch noch eine Raum der Stille, in den sich Mitarbeiter und Mitarbeiterinnen, Patienten und Patientinnen und Angehörige zurückziehen können. Indem sie in der Stille wieder zu sich hinspüren, sich vielleicht in ein Gebet vertiefen oder einen Text lesen, können sie wieder neue Kraft schöpfen.

Im „Raum des Abschieds" wurde versucht, die Schwere, das Leid und den Schmerz auszudrücken, aber auch dem Durchgang zum Licht, zum Hellen, zum Geborgenen Raum zu geben. Im Bild des leidenden Christus finden die Angehörigen ihren Schmerz und ihr Leid ausgedrückt. In den farbigen Fenstern, die Durchgang und Wandel versinnbildlichen, können sie vielleicht auch ihre Hoffnung spüren.

Am Ende ihres Praktikums sagt die junge Schülerin:

„Es war eine sehr gute Zeit für mich. Immer wenn ich morgens durch die Tür kam und die Atmosphäre im Haus gespürt habe, habe ich Freude empfunden, hier arbeiten zu dürfen und nicht in einer großen und anonymen Klinik.

Ich habe mich hier einfach wohlgefühlt mit den Patienten, den Kolleginnen und in den Räumen. Und die Vorstellung, hier ginge es nur traurig zu, stimmt überhaupt nicht. Wir haben auch viel gelacht miteinander, gerade auch beim gemeinsamen Mittagessen mit den Patienten. Klar war es manchmal auch schwer, aber ich bin froh um die Erfahrung. Sie hat mich und mein Verständnis vom Umgang mit und der Pflege von Menschen verändert."

Die Entscheidung

**Dann wäre
immer jemand da**

Ich bin jetzt seit zwei Jahren an Krebs erkrankt. Es ging alles so schnell und plötzlich. Ich hatte zwei Operationen und eine Chemotherapie, die aber nichts brachte. Immer, wenn ich mich gerade von einer Behandlung erholt hatte und zu Kräften gekommen war, musste ich schon wieder ins Krankenhaus zur Behandlung. Eigentlich bin ich nur zwischen dem Krankenhaus und zu Hause hin- und hergependelt. Im letzten Sommer hoffte ich noch, eine Reise machen zu können, aber die Schmerzen und vor allem die Übelkeit waren viel zu schlimm. Ich habe nur zweimal einen kleinen Ausflug mit einer Freundin gemacht.

Das letzte halbe Jahr konnte ich meine Wohnung gar nicht mehr verlassen, weil ich viel zu schwach war und mich die Schmerzen am wenigsten plagen, wenn ich ruhig bin. Leider wohne ich auch im zweiten Stock, so dass ich gar nicht raus konnte. Ich wohne alleine, und so kommt die Nachbarschaftshilfe und hilft mir. Ich konnte mich immer noch in der Wohnung bewegen. Bis vor drei Wochen.

Da bekam ich ganz heftige Schmerzen und musste gleich ins Krankenhaus eingewiesen werden. Ich wurde noch am gleichen Tag operiert, weil ich einen Abszess im Bauch hatte. Da es nicht richtig heilte, musste ich vierzehn Tage später nochmals operiert werden. Jetzt bleibt die Wunde erst mal offen. Und nun weiß ich nicht, wie es weitergehen soll.

Ob ich ins Hospiz gehen soll?

Sicher, da wäre ich gut versorgt, das weiß ich. Ich habe mir das Hospiz ja auch schon angeschaut, aber ich würde so gerne in meine Wohnung zurück. Ich habe mich doch gar nicht richtig verabschieden können. Aber vielleicht wäre es auch zu schmerzlich, so bewusst Abschied zu nehmen.

Ich glaube, dass sich meine Ängste im Hospiz vermindern würden. Zu Hause habe ich immer Angst: Was ist, wenn mir etwas passiert und ich bin alleine in der Wohnung und es kommt erst jemand am nächsten Tag?

Ich habe nämlich ganz große Angst, alleine zu sterben.

Ich möchte gerne jemanden bei mir haben, vielleicht meine Schwester, aber manchmal denke ich auch: Hauptsache, ich spüre eine Hand, die mich begleitet und da ist. Manchmal ist die Angst vor dem, was vielleicht noch alles auf mich zukommt, so groß, dass ich mir wünschte, schon tot zu sein.

Nein, das ist keine Depression, die Ärzte wollen mir nämlich immer gleich Antidepressiva verschreiben, wenn ich das sage, sondern es ist einfach die Angst vor dem, was noch kommt. Ich weiß ja, dass ich sterben muss, und ich wünschte mir halt manchmal, diese Prüfung schon bestanden zu haben.

Das werden die Menschen im Hospiz vielleicht besser verstehen, weil sie dort ja schon so viele Menschen begleitet haben. Da wäre dann ja auch immer jemand da. Der Gedanke gibt mir Vertrauen. Und gerade für mich, die ich alleine bin, ist das Wissen um das Hospiz ein Segen."

Nur wenige Menschen treffen ihre Entscheidung, ins Hospiz zu gehen, so bewusst wie diese junge Frau. Viele hoffen nur für eine kurze Zeit ins Hospiz zu gehen und dann wieder nach Hause entlassen zu werden. Es scheint, als ob die Seele sich davor schützt, dass das Licht der Wahrheit zu grell ist. Für sie ist es zu schmerzlich, bewusst Abschied von der Wohnung, vom vertrauten, oftmals über Jahrzehnte bewohnten Lebensraum mit allen seinen Erinnerungen zu nehmen. Diesen Menschen fällt es leichter, einen solchen Schritt zu machen, wenn sie glauben, wieder nach Hause zurückzukehren.

Die Mitarbeiter und Mitarbeiterinnen im Hospiz respektieren das, sie zwingen niemandem das Gespräch oder die so genannte Wahrheit auf.

Die Ankunft

**Auf Wiedersehen
und guten Tag**

Schwer war es Frau Schmidt gefallen. Einmal hatte sie ja schon vor drei Monaten ins Hospiz gehen wollen. Aber dann hatte sich ihr Zustand doch wieder recht gut stabilisiert. Und nun? Ja, wenn es irgendwie gegangen wäre, wäre sie noch weiter zu Hause geblieben. Aber ihr Mann, der ja auch schon zweiundsiebzig ist, schaffte es mit ihr und der Krankheit und mit sich selbst beim besten Willen nicht mehr. Karl würde nun also in einem Monat in ein Altenheim gehen und sie ins Hospiz.

Immer wieder hatte sie die nette Schwester bei sich zu Hause gefragt, ob man denn von dort aus auch wieder nach Hause zurück könne ... wenn es einem dort nicht gefiele, oder ... ach ja. Im Grunde ihres Herzens wusste sie ja, dass sie nicht wieder nach Hause zurückkonnte.

Als sie die Türe ihrer kleinen Etagenwohnung hinter sich zugezog, hatte sie leise gemurmelt: „Ade – auf Wiedersehen." Fünfundzwanzig Jahre hatte sie hier in der Faustraße gewohnt, und nun? Ach, ihr war schon Angst und Bange. Immer wieder in den Nächten hatte sie gegrübelt, ob es noch eine andere Lösung gäbe, aber eines Tages hatte sie sich dann entschieden und schweren Herzens „Ja" gesagt, auch für ihren Mann.

Nun stieg sie langsam und mit Pausen die breite Treppe zum ersten Stock hinauf. Nein, zu Fuß hatte sie laufen wollen, nicht mit dem Fahrstuhl, der junge Mann vom Krankentransport trug ihr Köfferchen. Ob sie wohl die richtigen Sachen mitgenommen hatte? Ob die Nachthemden reichten? Wie wohl die anderen dort waren, die Schwestern und die Patienten? Ob sie gleich ... nein, den Gedanken wollte sie gar nicht erst denken. Das hatte ja noch Zeit.

Als sie die weiße Korridortüre durchschritt, wurde sie von einem herrlichen Geruch empfangen. In der Hospizküche waren eine Bewohnerin und

eine freiwillige Helferin gerade dabei, Plätzchen zu backen. Irgendwie war das erstaunlich, denn es war ja gerade keine Weihnachtszeit, aber schön war das, wie die beiden ganz eifrig das heiße Backblech aus dem Ofen zogen.

Ob ich hier auch mal was Schönes machen kann, dachte Frau Schmidt, und dabei fiel ihr das Blumenmalen ein, das sie vor ein paar Jahren begonnen hatte. O, ja dort an dem großen Tisch, da könnte sie sich das gut vorstellen ...

Ich gehe nun

Gegen 21 Uhr: „Du, Hilde ich denk, ich geh jetzt mal nach Hause. Ich muss doch morgen früh wieder zur Arbeit!"

„Ja, Hans geh nur, es geht mir hier ja ganz gut. Ob du daran denkst, mir morgen noch die drei Nachthemden mitzubringen?"

„Ja, mach ich! Was mir da noch einfällt: Die kleine Evi, unsere Enkelin, wollte dich mal besuchen. Sie lassen fragen ob dir das recht wäre."
Frau Braun strahlt.

„O ja, das wär so schön, und sie soll ihre Malsachen mitbringen. Dann ist's nicht so langweilig für sie – nur mit Oma und Opa", fügt sie schnell noch hinzu.

„Brauchst du noch was, Hildchen?"

Herr Braun beugt sich zu seiner Frau, die ihren geschwollenen Arm auf der leichten Bettdecke liegen hat.

„Ja, vielleicht etwas Apfelsaft, gemischt mit Wasser, in die Schnabeltasse. Weißt du für die Nacht, da hab ich doch oft so Durst."

„Schläfst du denn hier nicht gut?" fragt Herr Braun und sieht plötzlich besorgt aus. „Machst du dir Sorgen und grübelst wieder, wie früher?"

„Nein Hans, das mach ich hier nicht mehr. Ich weiß ja, du kommst ganz gut zurecht, und mir geht's hier recht gut. Weißt du, sie sind hier sehr lieb zu mir. Da bekomm ich alles was ich brauche."

„Na gut, dann geh ich jetzt halt, oder?"

„Ja, ja Schätzle, schlaf gut, und streichle den Kater noch von mir!"

„Also dann bis morgen. Ich komm wieder nach der Arbeit, so zwischen sechs und sieben. Gute Nacht, Hildchen."

„Gute Nacht Hans, bis morgen."

Die Angehörigen

**Warum sagt denn
meine Mama nichts?**

Der fünfjährige Sven steht am Bett seiner Mutter. Er macht große Augen. Vorher hatte er in meinem Büro, das genau über dem Zimmer seiner Mutter liegt, gespielt. Dabei hat er immer wieder ganz laut einen Stein auf den Boden fallen lassen. Erst jetzt als er fragt: „Hat denn das Fallen des Steines nicht die Mama geweckt?" verstehe ich sein Tun.

Er hätte so gerne, dass seine Mama aus dem Koma, in dem sie seit einiger Zeit liegt, aufwacht, etwas zu ihm sagt, ihm vielleicht zulächelt. Denn er versteht es nicht: Sie ist einerseits hier und zugleich doch auch weit weg.

Nach einiger Zeit beginnt seine Neugier: Was denn der Schlauch da soll? Und warum sie denn nichts sage? Er verliert immer mehr an Beklommenheit und schaut sich weiter im Zimmer um, bis er die Leier entdeckt, die auf dem Tisch liegt. Er spielt der Mutter darauf vor und strahlt dabei, ganz verbunden fühlt er sich mit seiner Mutter.

Dem fünfjährigen Sven fiel es sehr viel leichter, seine Mutter im Hospiz zu besuchen als im großen Krankenhaus. Da fing er oftmals schon beim Eingang an zu weinen und wollte nicht mehr zu seiner Mutter. Das große Gebäude, der Geruch, die Krankenhausatmospähre machten ihm Angst.

Ein ganz wichtiges Anliegen der Hospize ist es, die Sorgen und Nöte der Angehörigen genauso ernst zu nehmen wie die der Patienten.

Oftmals fällt Menschen die Entscheidung, einen Elternteil oder Partner oder auch ein Kind ins Hospiz zu geben, sehr schwer. Sie haben das Gefühl aufzugeben und es nicht geschafft zu haben. Sie plagt das schlechte Gewissen, wie es neulich eine Tochter sehr deutlich ausdrückte: „Ja, wenn ich meinen Vater zu Ihnen ins Hospiz gebe, dann übergebe ich ihn ja dem Tod. Dann willige ich ja ein, und ich will doch nicht, dass er stirbt." Meist lösen sich diese Bedenken nach dem ersten Gespräch, wenn die Partner spüren: Da sind Menschen, die begleiten uns auf diesem Weg, die nehmen mich und meinen Angehörigen ernst.

Die Zeit des Sterbens ist besonders auch für die Angehörigen eine sehr schwere Zeit. Durch die Begegnung mit dem Hospiz beginnen sie sich verstärkt mit dem Sterben auseinander zu setzen. Sie ängstigen die Fragen: „Muss mein Mann noch leiden? Hat mein Vater wirklich keine Schmerzen? Ich wünschte, meine Frau hätte den Weg schon gut hinter sich, ich kann die Belastung ja auch kaum mehr tragen. Andererseits will ich auch auf keinen Fall, dass sie stirbt, sie soll noch so lange wie möglich bei mir bleiben."

Angehörige erfahren oft einen sehr großen Zwiespalt in sich. Einerseits ist da der Wunsch, noch ganz viel Zeit mit dem sterbenden Menschen verbringen zu können und die bange Frage: Habe ich die Zeit auch gut genug genutzt? Und andererseits ist da die enorme Belastung, oftmals neben Beruf und Familie, die Begleitung des sterbenden Angehörigen. Hinzu kommen noch die Sorgen, wie es nach dem Tod sein wird. Die Ängste vor der Einsamkeit und dem Alleinsein.

Die Beziehung der Angehörigen zum Sterbenden sind genauso unterschiedlich wie auch im Leben selbst.

Da begleitet vielleicht ein Ehemann seine Frau mit ganz viel Zuwendung und Nähe, die Beziehung ist durch den nahen Tod inniger geworden als je zuvor. Aber genauso kann es auch sein, dass die Beziehung Störungen erfährt und schlechter wird. Manchmal können wir vom Hospiz vermitteln, Verbindungen herstellen, helfen, dass das Verständnis füreinander wächst. Manchmal erfahren aber auch wir, dass wir hilflos bleiben und nicht viel tun können.

So auch bei Herrn Pale und seiner Tochter.

Nach der Geburt der Tochter vor 27 Jahren hatten sich Frau und Herr Pale getrennt. Die Frau erlaubte ihrem Mann nicht, die Tochter zu besuchen und erzählte der Tochter sehr viel Negatives über den Vater.

Vater und Tochter sahen sich zum ersten Mal beim Tod der Großmutter, als die Tochter 20 war. Die Beziehung zueinander wuchs langsam, und sie fuhren auch einige Male miteinander in den Urlaub.

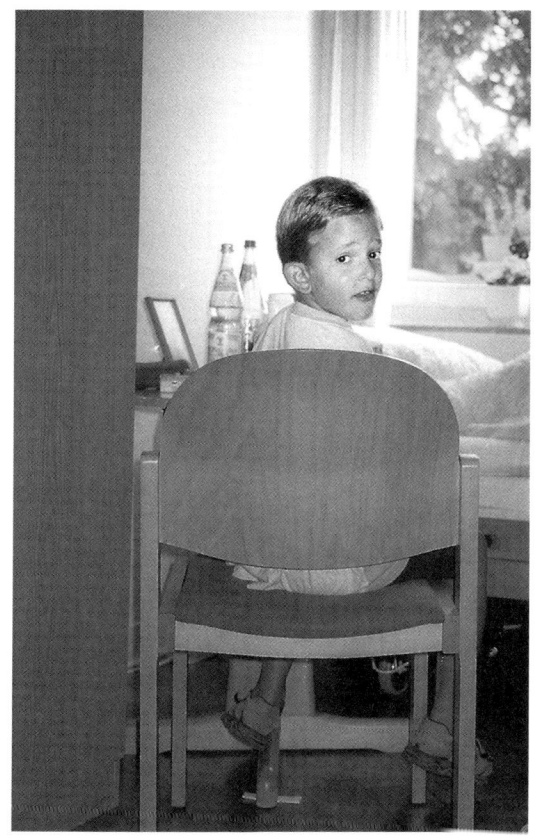

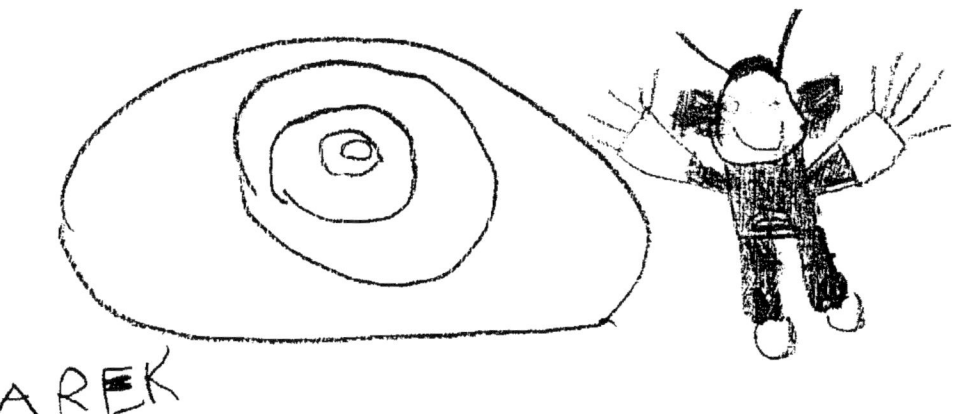

TAREK

Schwierig wurde die Beziehung, als der Vater eine Freundin hatte und dann durch seine Erkankung. Die Tochter wollte die einzig Vertraute des Vaters sein und mischte sich in die ärztliche Behandlung ein.

Als Herr Pale aus der Klinik zu uns kam, hatte er die Beziehung zu seiner Tochter schon wieder abgebrochen. Sie wusste nicht, wohin er aus dem Krankenhaus entlassen worden war. Schließlich fand sie aber doch heraus, dass er im Hospiz lag und wollte ihn besuchen.

Herr Pale wollte es nicht und reagierte sehr heftig: „Wenn Sie das zulassen, dann packe ich meine Koffer und verlasse das Hospiz."

Die Tochter rief immer wieder an, um zu hören, ob sie ihn doch besuchen könne, er aber blieb bei seiner Entscheidung, dass er seine Tochter nicht sehen wollte.

Für uns war das sehr belastend: Einerseits sahen wir die Not der Tochter, dass sie sich vom Vater verabschieden wollte, andererseits konnten wir auch die Verletzung des Vaters verstehen.

In solchen Situationen ist es immer wieder schwer abzuschätzen, auf welchen Wunsch man hören soll.

Manchmal besteht von Seiten des Sterbenden der große Wunsch nach Versöhnung, der aber aus lauter Angst vor Ablehnung und Schuldgefühlen oft nicht geäußert wird.

Manchmal heißt es aber auch: „Ja, ich will, dass mein Sohn doch noch kommt. Ich habe ihm sehr viel Unrecht getan, viel zu viel von ihm gefordert."

In solchen Begegnungen kann es dann zu einer Aussöhnung und zu einer tiefen Begegnung kommen.

Heute möchte ich gerne ein Essen für meine Frau kochen

Herr Dahm hat sein Leben lang gerne gekocht und seine Frau, die in ihrer Arbeit oft einen langen und anstrengenden Dienst hatte, gerne bekocht. Morgen möchte er so gerne noch einmal für seine Frau kochen, obgleich sie ja nun im Hospiz liegt. "Natürlich können Sie das, Herr Dahm. Wir zeigen Ihnen gerne, wo alles ist, und Sie sagen uns was sie brauchen."

Freundlich hilft ihm die eine oder andere Schwester weiter, wenn er etwas nicht findet.

„Der Rührstab für die Orangencreme ist dort unten."

„Haben Sie vielleicht etwas Muskatnuss? Ich habe sie vergessen."

Und Otto, der Zivildienstleistende im Hospiz, öffnet gerne eine Dose mit Kapern, die Herr Dahm beim besten Willen nicht aufbekommt. Am Ende seiner ganzen Verrichtungen schiebt er ganz stolz den kleinen Wagen mit all den leckeren Sachen ins Zimmer von Frau Dahm. Er hat sogar einen kleinen Strauß mit Sommerblumen auf die Mitte des Tabletts gestellt.

„Ich räume dann nachher alles auf, geht das in Ordnung?"

„Ja natürlich, Herr Dahm, und guten Appetit, Ihr Essen riecht so gut!"

Als Schwester Anna nach drei Stunden einmal leise anklopft und öffnet weil keine Antwort zu hören ist, sitzen Herr und Frau Dahm ganz bequem beieinander auf dem Bett und halten sich die Hände, ohne etwas zu sagen.

Als Herr Dahm gegen elf Uhr wieder in die Küche zurückkommt, sieht er, dass all sein Geschirr, die Töpfe und Pfannen abgewaschen und fortgeräumt sind. Otto hatte am Ende seines Dienstes noch ein bisschen Zeit gehabt.

Ich möchte ihn
noch einmal sehen

Schon am Morgen nach dem Waschen wird Herr Karsch unruhig. Immer wenn jemand sein Zimmer betritt, erzählt er, dass heute sein Sohn aus München käme.

Herr Karsch hat seinen Sohn seit neun Jahren nicht mehr gesehen. „Ja, seit damals, als ich mich scheiden ließ …"

Ganz unterschiedliche Gefühle bewegen Herrn Karsch heute, wenn er an den Besuch denkt. Da sind Freude, Stolz, Hoffnung aber auch Ängstlichkeit, Zweifel und Ärger, dass er so lange auf sich warten lässt.

Gegen vier Uhr Nachmittags lässt Herr Karsch in München anrufen. „Machen Sie das lieber, Schwester, ich bin so aufgeregt", sagt er. Karl Karsch hätte nämlich um vierzehn Uhr da sein wollen. Niemand geht in München ans Telefon.

„Na, er wird halt unterwegs sein", versucht sich der Vater zu beruhigen.

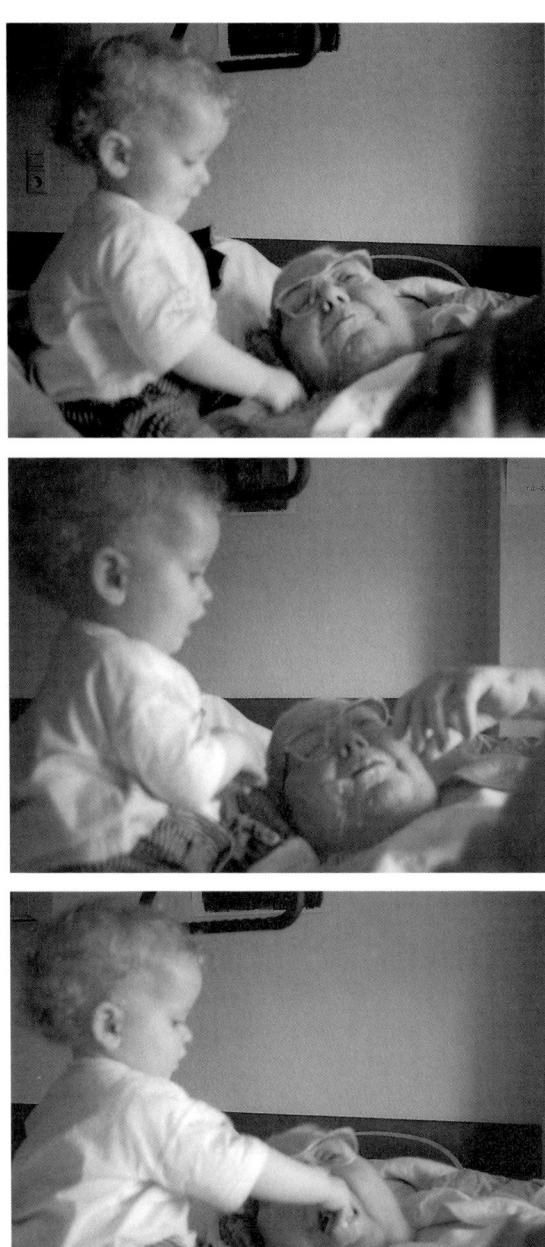

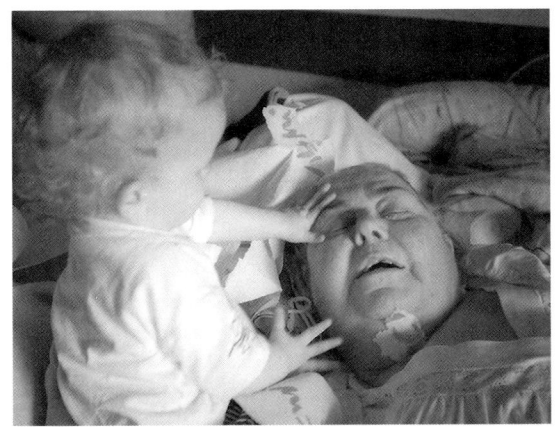

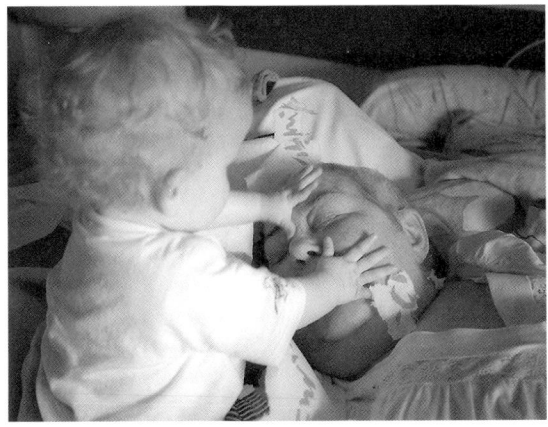

Gegen zehn Uhr abends fragt Herr Karsch nach einem Schlafmittel. Er kann nicht mehr, er macht sich Sorgen und ist auch wütend.

„Kann der Bengel nicht anrufen! So war er früher schon, nie konnte man sich auf ihn verlassen!"

Am nächsten Morgen erwacht Herr Karsch sehr friedlich, sehr gelassen. Er habe einen sehr schönen Traum gehabt: von einer Seereise auf einem großen schneeweißen Luxusdampfer. Sie seien immer gen Norden gefahren, dem Nordlicht entgegen. Ja, das habe er immer schon sehen wollen, und nun habe er es noch erlebt.

Der Verbleib seines Sohnes scheint ihn nicht mehr sonderlich zu beunruhigen.

Am frühen Nachmittag steht Karl Karsch am Bett seines Vaters.

Es täte ihm leid, er habe sich im Datum geirrt, das sei ihm aber erst heute auf der Autobahn eingefallen und überhaupt – er habe so viel zu tun, er habe auch nicht lange Zeit, er habe noch eine Verabredung in Ulm.

Herrn Karsch Junior ist es heiß in dem kleinen Zimmer, er legt nervös sein Jacket ab und geht unruhig auf und ab. Er redet, redet, und man spürt ihm seine Unbeholfenheit und seine innere Spannung an.

Sein Vater beobachtet ihn voller Ruhe und mit gelassenem Interesse, ohne ihn zu unterbrechen. Nach einer Weile hebt er leicht die Hand und sagt:

„Du Karl, es ist schön, dass du gekommen bist, es war sehr wichtig für mich. Du kannst jetzt ruhig gehen. Ich danke dir und wünsche dir alles Gute."

Zwei Tage später stirbt Herr Karsch gegen morgen. Das letzte was er am Abend zur Nachtschwester flüsterte war: der weiße Dampfer ...

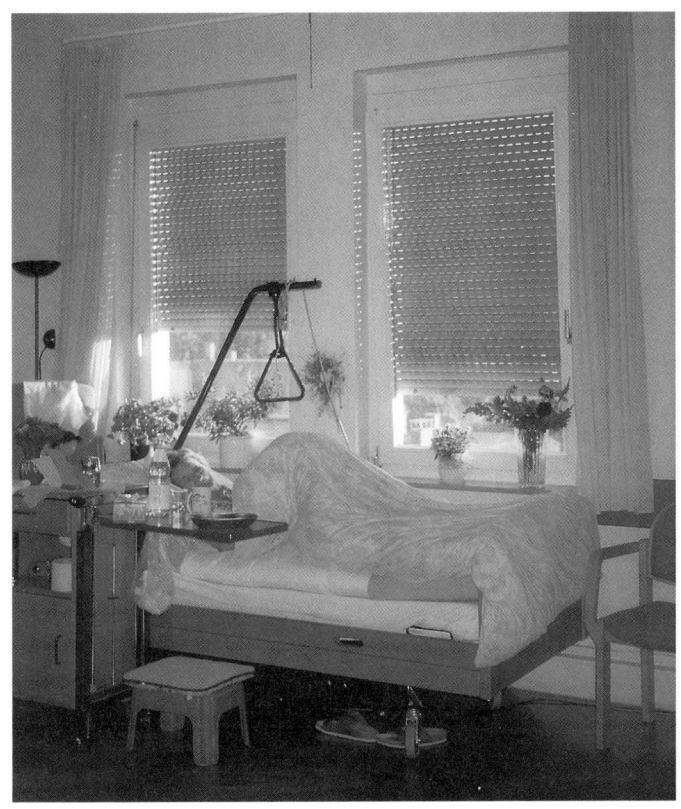

Das Leben im Hospiz

Wie in
einer Großfamilie

Bernhard steht an der Spüle und wäscht den Rest Geschirr vom Nachmittag. Über seiner rechten Schulter hängt das Küchenhandtuch, und immer wieder einmal schaut er sich um, ob noch irgendwo Geschirr zum Abwaschen ist. Bernhard ist Freiwilliger Helfer, und hin und wieder gehört halt die Küchenarbeit auch mit zu dem, was getan werden muss.

Weit stehen die Fenster überall auf, es ist heiß heute an dem wunderbaren sonnigen Augusttag.

Frau Herz sitzt im Rollstuhl und wird von ihrer Mutter liebevoll betreut. Heute ist Sonntag, da hat sie Zeit.

Schwester Sabine hebt gerade, mit einem Handschuh versehen, ein heißes Blech aus dem Ofen. Sie hat vorhin schnell zwischendurch eine Quiche gebacken und noch zwei leckere Brötchen für Frau Busse, die so gerne mal wieder was Besonderes essen möchte. Gut riecht es nun und macht richtig Appetit.

Laura bringt Frau Merck gleich ein kleines Stückchen von der duftenden Quiche ans Bett. „O, so was habe ich noch nie gegessen, das kenne ich gar nicht, ja, gut schmeckt es mir." Frau Merck isst heute die ersten kleinen Stückchen und trinkt ein Schlückchen Bier dazu. Sie war heute so deprimiert, dass sie gar nichts essen mochte.

Frau Dreizler liegt im Sterben. Ihre Tür ist weit geöffnet, so dass alle immer wieder nach ihr schauen können.

Aus dem Zimmer von Frau Busse kommt ihre Freundin. Auch sie konnte heute länger bleiben. Sie geht an den Kühlschrank, holt das Eis und die Himbeeren heraus, um ihrer Freundin noch einen guten Nachtisch zu machen. Himbeeren mag sie so gerne.

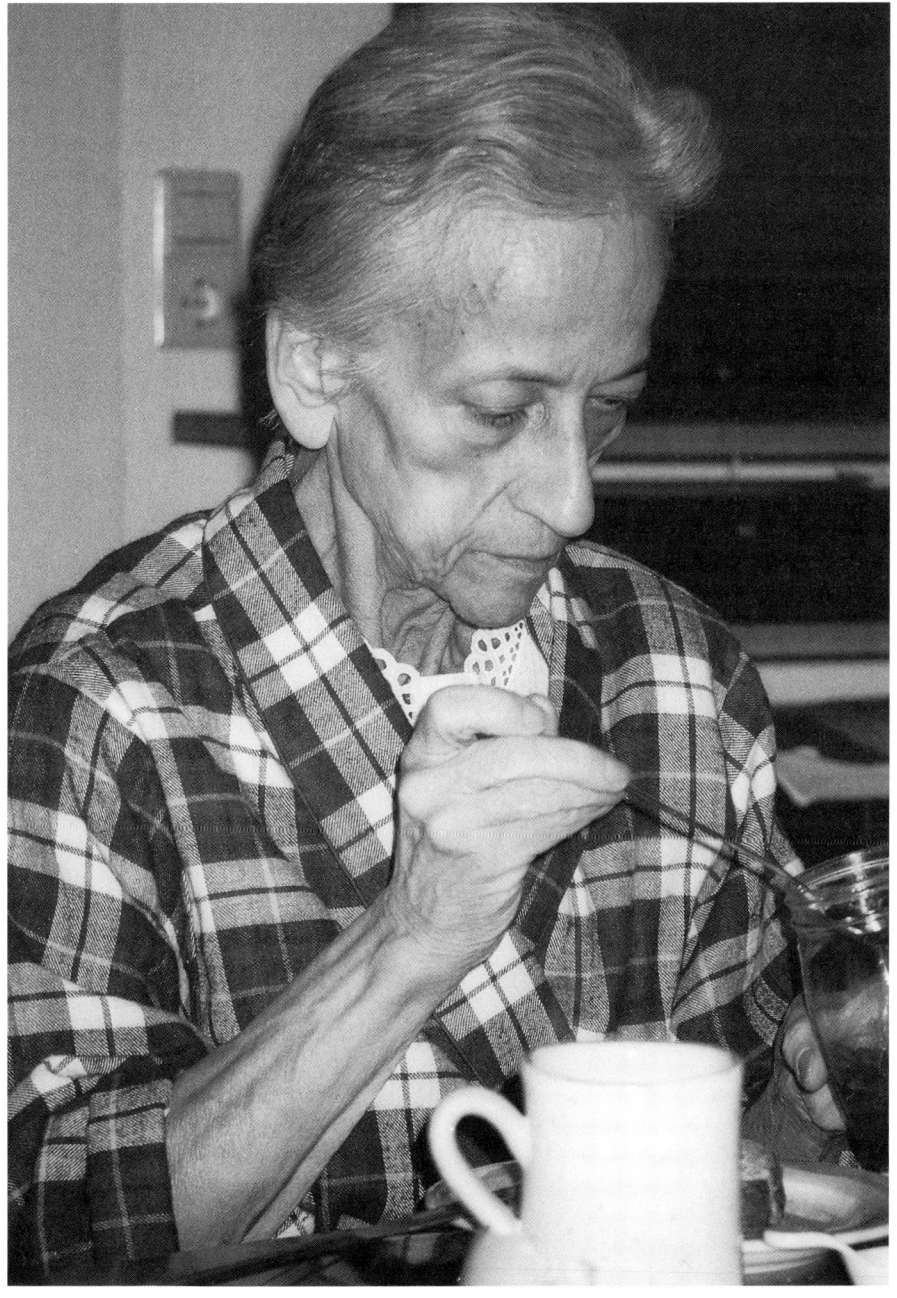

Für einen Moment hält sie inne, schaut sich um, wie so jeder mit seiner Arbeit beschäftigt und doch im Kontakt mit den anderen ist und dann sagt sie ganz bewegt: „Ach, wie in einer Großfamilie ist das, richtig schön."

Ich möchte mich gern noch nützlich machen

Am Dienstag ist Frau Busch ins Hospiz gekommen. Sie hat einen Lungen-krebs und Metastasen in der Leber. Das Leben von Frau Busch ist nur noch sehr begrenzt, sie aber weiß es noch nicht. Im Februar dieses Jahres wurde der Krebs in der Lunge entdeckt. Sie lehnte von Anfang an jegliche Behandlung ab.

Frau Busch sagt: „Ich habe meinen Herrgott und meinen Heiland, und die sind immer bei mir. Ich bin gut vorbereitet, was soll mir schon passieren. Meine Tochter ist über vierzig, sie wird zwar eine Weile traurig sein, aber das wird vergehen." Frau Busch hat das Zimmer zum Garten hinaus bekommen. Es ist zwar klein, aber sie ist ganz einverstanden, weil hier die Sommerhitze nicht herkommt. Frau Busch hat ihre Stereoanlage und ihre Musik mitge-bracht. Sie liebt klassische Musik und ist eine Kennerin vieler Stücke und ihrer Interpreten. Sie sitzt stundenlang in ihrem Stuhl am Fenster, hört Musik, raucht ihre Zigarette und trinkt allabendlich ein Gläschen Wein.

Am Morgen macht Frau Busch – so lange es eben geht – ihr Bett alleine, und am Abend versorgt sie den Kanarienvogel im Wintergarten. Bei der Aufnahme sagte sie den Schwestern: „Ich möchte mich unbedingt noch nütz-lich machen." Hin und wieder macht sie einen kurzen Besuch bei einer ande-ren Patientin.

Frau Busch hatte zu Hause schon seit längerer Zeit nicht mehr gegessen. Heute Abend sitzt sie mit den anderen in der Küche und isst sogar zwei Scheiben Brot.

Sonne, Mond
und Sterne

Frau Reichert sitzt im Rollstuhl in der geräumigen Küche, ihr gegenüber Maria, ihre Freiwillige Begleiterin, die sie heute Nachmittag wieder besucht. Zwischen den beiden steht ein niederes Tischchen auf Rädern, auf dem das große Holzbrett mit dem ausgewalzten Plätzchenteig liegt. Nebenan steht das eingefettete Backblech.

Frau Reichert und Maria wechseln sich ab und probieren die verschiedenen Ausstechformen und wie man sie am geschicktesten zusammensetzen kann. Die Sonne ganz rund, der Mond als Sichel mit den zwei Spitzen und die Sterne mit ihren Zacken. Beide sind ganz eifrig beschäftigt. Es macht einfach Spaß, die Blechformen in den weichen Teig zu drücken, und hin und wieder wandert ein Teigkügelchen zum Naschen in den Mund, und beide lachen.

Nur der Rücken macht sich nach einiger Zeit wieder bemerkbar. Ach, Frau Reichert hatte ihn und die Schmerzen und ihre krumme Haltung für eine Weile vergessen.

Am Abend liegen die hellgelben Plätzchen fein säuberlich geschichtet auf dem großen Kuchenteller.

„Aber die anderen sollen auch davon bekommen", sagt Frau Reichert ganz leise. Sie denkt an die anderen Menschen, die jetzt mit ihr zusammen hier zu Hause sind.

Bavor Maria geht, bringt sie in jedes Zimmer einen Teller mit Plätzchen. Bei Herrn Kagel weiß sie, dass er sie nicht mehr essen können wird. „Mit einem Gruß von Frau Reichert", sagt sie, und selbst Herr Kagel freut sich .

Das bin ich ...

Der dicke rote Wachsmalstift liegt ganz fremd zwischen den zarten Fingern von Frau Kunz. Die Hand hat kaum Kraft, ihn zu halten, und die Bewegungen über das weiße Papier sind langsam, suchend aber auch ausdauernd.

Frau Kunz möchte malen. Auf die Frage hin hatte sie genickt und in ihren Augen waren Verstehen und Freude zu sehen. Das ist nicht immer so, denn

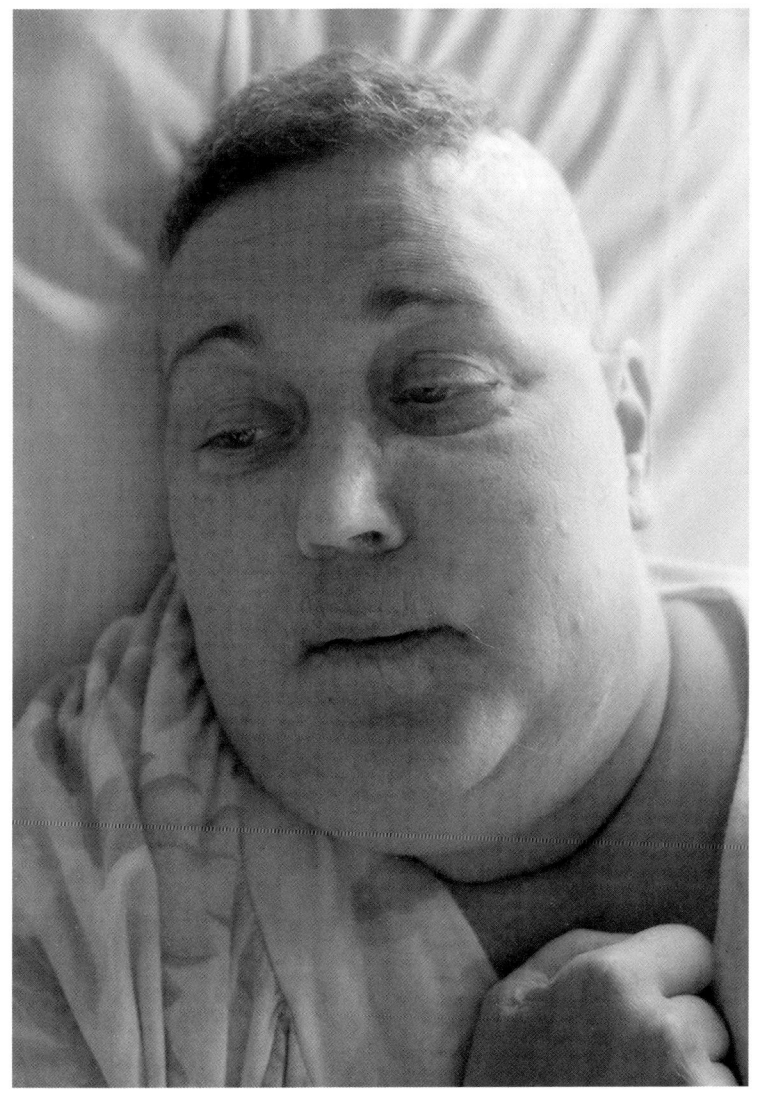

Frau Kunz hat durch ihren Hirntumor, die Operation und die Bestrahlungen ihre Sprachfähigkeit und viel von ihrer früheren Wachheit und Aufnahmefähigkeit verloren. Sie versteht, was ich sage, aber ihre eigene Ausdrucksfähigkeit ist stark reduziert.

Wir sitzen gemeinsam am großen Holztisch in der Küche, neben Frau Kunz steht noch der Pudding vom Mittagessen. Sie hatte noch nicht wieder ins Bett wollen. Mit großem Nachdruck führt Frau Kunz den Stift über das Papier, die Bewegungen gehen in gleichmäßigem Rhythmus auf und ab. Schreibt sie oder malt sie etwas? Es ist für mich nicht erkennbar. Aufmerksam folge ich ihren Bewegungen. Nein, ich kann nicht verstehen, was sie ausdrücken möchte. Hilflos schaut sie mich mit ihren schönen blauen Augen an. Ebenso hilflos schaue ich zurück. Dann legt sie vorsichtig den Stift aus der Hand und zeigt mit dem Zeigefinger auf ihre Brust, dann wieder auf die kleine Zeichnung auf dem Papier.

„Das sind Sie?" frage ich vorsichtig. Frau Kunz lächelt bejahend und entspannt. Wir freuen uns beide über die gelungene Verständigung.

Ich nehme noch einmal den roten Stift und male einen kleinen roten Fleck in eine Ecke des Papiers. Vielleicht regt es Frau Kunz an, etwas daraus zu machen, denke ich und schaue sie an. Ja, da nimmt sie das Grün aus dem Kasten und malt einen grünen Strich an den roten Punkt. „O, eine Kirsche," rufe ich selber ganz begeistert aus. Frau Kunz nickt. In diesem Moment habe ich das Gefühl, uns beiden geht es gut – jetzt – gerade jetzt – hier. Der Augenblick zählt denke ich, nur der Augenblick.

Da nimmt sie noch einmal einen Stift aus dem Kasten. Ich sehe, es ist Schwarz, und ich spüre, wie mir eng ums Herz wird. „Schwarz!" denke ich, was wird sie malen?

Nach einer kurzen Weile sehe ich drei Vogelsilhouetten über das Papier fliegen, drei kleine V's die in die Ferne fliegen. Drei denke ich fragend und wir beide schauen uns fragend an.

Die Sprache der Hände,
die Sprache der Seele

Lisa macht leise und vorsichtig die Zimmertür auf. Sie will Frau Kaiser nicht aus dem Schlaf reißen oder erschrecken. „Hallo Frau Kaiser, ich bin da, die Lisa."

Über das Gesicht von Frau Kaiser geht ein feines, kaum merkliches Lächeln, das gleich darauf wieder erlischt. Die Augen, der Blick schauen ins Weite.

Frau Kaiser hat einen fortgeschrittenen Hirntumor und seit nun fast einem Vierteljahr kann sie nicht mehr sprechen.

Lisa kommt fast jeden Tag einmal vorbei. Sie hat gegenwärtig Zeit und kann es gut einrichten. Sie weiß, dass Frau Kaiser, obgleich sie häufig Besuch hat, doch noch viel alleine ist und dass ihr die Stunden und Tage lang werden.

Lisa und Frau Kaiser haben inzwischen eine innige und auch zärtliche Beziehung zueinander bekommen. Sie kennen sich nun schon ein halbes Jahr und Lisa weiß ein paar Dinge von Frau Kaiser aus der Zeit, als sie noch sprechen konnte. So weiß sie von manchem, was sie mag und von einigem, was sie nicht mag. Heute verständigen die beiden sich über die Fingersprache. Ein Spiel, das sie miteinander erfanden.

Ob Lisa immer richtig versteht? Nein, sicher nicht, aber das macht auch nichts. Ab und zu lächelt Frau Kaiser sie auf jeden Fall zärtlich an.

Trinken wir noch ein
Gläschen Wein miteinander?

Na, Frau Braun, wie geht Ihnen heute? Sie sehen ein wenig blass aus. Trinken wir trotzdem ein kleines Gläschen Wein miteinander? Das hat uns doch die letzten Tage gut getan."

„Ach ja, Herr Lang, heute ist mir immer wieder so schlecht. Ich kann kaum etwas essen, aber vielleicht geht's mit dem Wein zusammen leichter."

„Das ist schön, zu zweit schmeckt der Wein nämlich anders. Und Sie müssen schon was essen, Sie wollen doch wieder zu Kräften kommen. Sie können ja schon wieder etwas laufen, es scheint ja besser bei Ihnen zu gehen. Bei mir

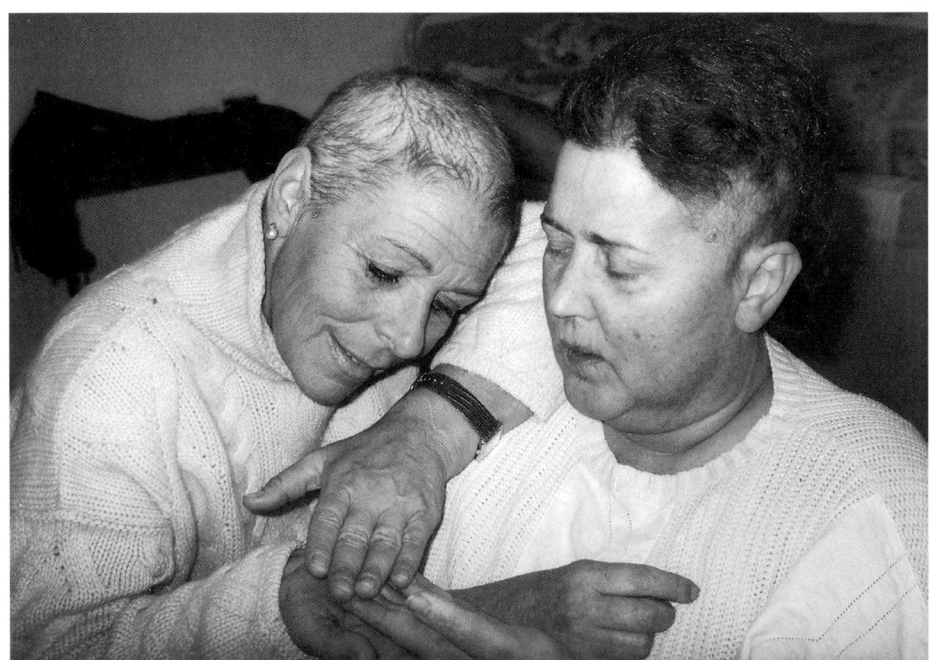

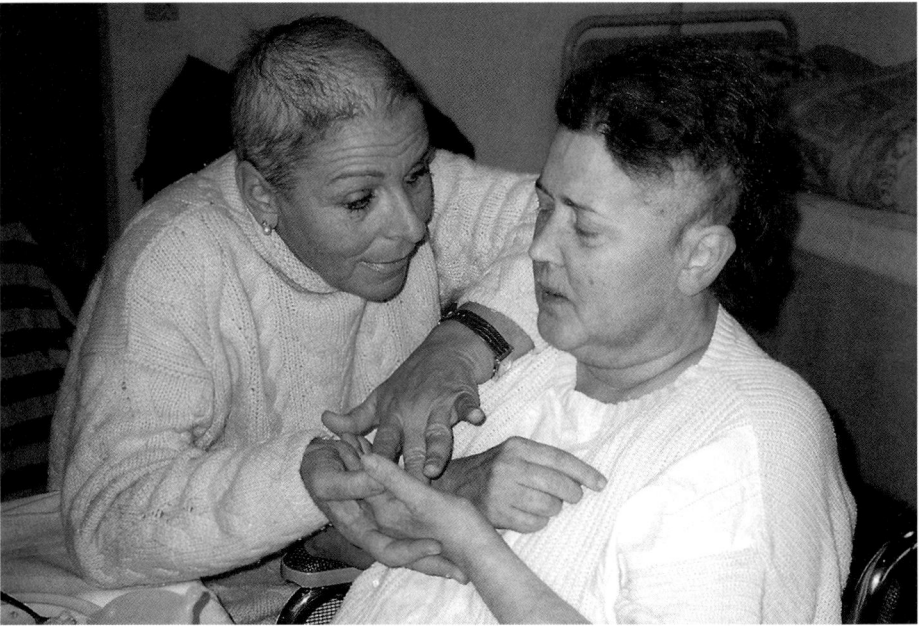

ist das anders. Ich kann jetzt gar nicht mehr laufen. Die Schmerzen im Bein und im Rücken sind so stark. Jetzt kann ich gar nicht mehr lange sitzen, am besten ist es, wenn ich im Wintergarten auf dem Liegestuhl liege."

„Das tut mir aber leid. Meine Tochter besucht mich nachher, dann können wir uns ja zu Ihnen in den Wintergarten setzten."

Es ist sehr selten, dass Patienten miteinander ins Gespräch kommen und Anteil am Leben und Leiden des anderen nehmen. Am Anfang unserer stationären Hospizarbeit hatten wir da ganz andere Vorstellungen und auch Illusionen. Wir hofften, dass die Patienten sich durch ihre ähnliche Situationen miteinander verbunden fühlen und einander helfen würden. So ähnlich wie es oft in den Selbsthilfegruppen nach einer Krebserkrankung ist. Die gemeinsame Erfahrung der Diagnose Krebs verbindet sie, und sie unterstützen sich gegenseitig.

Aber die Erfahrungen im Hospiz waren anders. Zum einen können wenige Patienten aufstehen, weil sie zu schwach sind. Die Zeit des Sterbens ist für sie mehr eine Zeit des Rückzugs auf sie selbst. Außerdem scheuen sie eher die Begegnung mit anderen Erkrankten. In dem Anderen sehen sie auch sich selbst.

„Der Frau Meier geht es aber ganz schlecht. Sie sitzt nur noch am Tisch, kann nicht mehr reden und kriegt gar nichts mehr mit. Sie hat jetzt Hirnmetastasen. Wenn ich sie so sehe, dann bekomme ich Angst, dass ich vielleicht auch noch Hirnmetastasen bekomme."

In den Mitpatienten begegnen die Kranken ihrer eigenen Angst, was vielleicht noch alles auf sie zukommen kann. Häufig erschreckt es sie auch zu sehen, wie gezeichnet dieser Mensch aussieht, und haben die bange Frage: Sehe ich vielleicht auch schon so aus?

Diese Belastungen sind besonders stark, wenn ein anderer Patient gestorben ist. Wenn die Patienten sich untereinander gekannt haben, so teilen wir ihnen den Tod mit. Manchmal ergibt sich daraus ein Gespräch, manchmal bleibt die Mitteilung einfach so stehen und manch ein Patient hat auch schon gesagt: Ich will nicht mehr, dass sie mir sagen, wann jemand gestorben ist.

Besonders für Patienten, die einige Monate bei uns sind, ist dies belastend: Immer wieder stirbt jemand.

Einmal sagte eine Patientin, nachdem sie am Tag zuvor erfahren hatte, dass im Nachbarzimmer jemand gestorben sei:

„Ich bin so wütend auf die anderen Patienten. Die müssen doch auch gegen den Tod kämpfen. Ich kann doch nicht hier allein gegen den Tod kämpfen. Letzte Nacht habe ich geträumt, dass ich zusammen mit meiner Freundin eine schwarze Gestalt aus der Wohnungstür verdränge. Aber dann war die schwarze Gestalt plötzlich im Nebenzimmer. Die können mich doch nicht so allein gegen den Tod kämpfen lassen."

Bierzelt
und Riesenrad

Ulrich und Herr Lutz kommen mit dem Fahrstuhl herauf. Den beiden sieht man an, dass sie einen schönen und auch anstrengenden Tag hinter sich haben. Herrn Lutz fallen schon die Augen zu vor Müdigkeit. Ulrich legt die blaue Tasche, die er über der Schulter trug, vorsichtig ab. Darin hatte er eine Thermoskanne, Papiertücher für alle Fälle und die Medikamente für den Tag verstaut.

Heute Morgen hatte Ulrich Herrn Lutz abgeholt. Schon lange hatten beide sich auf diesen Tag gefreut und die zu erwartenden Vergnügungen immer wieder eingehend besprochen, um so auch die Vorfreude schon weidlich zu genießen.

Als erstes hatte Herr Lutz sich einen Bummel über die Königsstraße gewünscht. Das hatte er früher so gemocht, auch mal an Schaufenstern stehen bleiben und an der Ecke eine Brezel essen. Dann waren sie in den Schlossgarten gefahren und hatten den Schwänen zugeschaut. Herr Lutz hatte ein erstes kleines Nickerchen gemacht, denn so schön es war, strengte ihn die Welt hier draußen doch auch ein wenig an.

Und dann kam das Eigentliche und der Höhepunkt: Herr Lutz hatte sich gewünscht, noch einmal das Frühlingsfest zu besuchen. Ach, all die Buden, den Schießstand, an dem er früher meistens was geschossen hatte, einfach die Atmosphäre des ganzen erleben und noch einmal mit dabei gewesen sein. Die Fahrt mit dem Autoscouter hatten sie streichen müssen. Herr Lutz saß ja im Rollstuhl, und das wäre zu umständlich und auch zu unbequem für ihn gewe-

sen. Und auch das Riesenrad ... schweren Herzens hatte er lange reglos davor gesessen und zugeschaut, wie die Gondeln auf- und niederstiegen und sich dann immer schneller drehten. Mit einem Male sah Ulrich, dass Herr Lutz Tränen in den Augen hatte: „Ich glaube, das ist nichts mehr für mich. Ich denke, da wird mir schwindelig und ich muss mich übergeben. Mein Magen ist ja nicht mehr stabil. Schade, ich wäre so gerne noch einmal Riesenrad gefahren. Wissen Sie, wenn man da ganz oben ist und dann runtersaust, das ist ein tolles, aufregendes Gefühl. Aber ich muss mir sagen: Hermann , die Runde fährst du nun nicht mehr mit ... Schade! Es ist richtig schade."

Ein Trost war dann aber doch noch das Bierzelt. Da war so eine richtig gute Kapelle, und Herr Lutz hatte sogar in seinem Rollstuhl ein bisschen mitgeschunkelt und ein kleines Bierchen getrunken.

Nun bringen Ulrich und eine Schwester Herrn Lutz gemeinsam zu Bett. Der Straßenanzug wandert wieder in den Schrank. Das war wohl das letzte Mal, denkt Ulrich, aber er unterdrückt diesen Gedanken sofort. Herr Lutz soll seine Gedanken nicht erraten.

Schon fast am Einschlafen lächelt Herr Lutz den Ulrich noch einmal an und sagt:

„Also Hermann heiß ich, wenn du willst, und ich dank dir, und toll wars, und gute Nacht dann."

Da war so viel los!

Montag bin ich nun vier Wochen hier. Ich muss mal langsam daran denken, dass ich wieder nach Hause gehe. Aber ich will nichts überstürzen. Ich bekomme ja jetzt Krankengymnastik, das tut mir gut.

Seit ich hier in das Bett hier gekommen bin, geht es mir besser mit dem Rücken. Zu Hause hatte ich immer auf dem Sofa geschlafen. Also so ein Krankenbett ist doch viel besser."

„Ja, das glaube ich, dass Sie gerne nach Hause möchten. Manchmal denke ich, ob Ihnen die Zeit hier nicht zu lang wird?"

„Nein, langweilig wird es mir hier nie. Ich hab ja das Buch noch mit den

Geschichten, und Schwester Anna bringt mir jeden Morgen die Tageszeitung. Aber die interessiert mich gar nicht mehr. Nein, der Tag hier geht immer schnell herum, da ist ja immer etwas los. Morgens das Waschen und dann frühstücken, da geht die Zeit schnell rum. Und dann ist ja meine Tür immer offen, und da draußen auf dem Flur ist immer was los. Da kommen auch viele Besucher. Am liebsten ist es mir, wenn zu mir Besuch kommt. Wenn der dann weg ist, kann ich hinterher so schön darüber nachdenken.

Und gestern war ja Sonntag, da war ich wieder im Wintergarten. Da war was los, sage ich Ihnen! Viele Kinder waren da, das war ein Leben! Da war der Simon und der Miro und dann noch die Kinder von Frau Hanke. Die spielten alle miteinander. Und am langen Tisch, das war so toll, da gab es Kaffe und Kuchen und alle saßen darum und haben gegessen. Da war richtig was los."

Eine
kurze Nacht

Schwester Ingrid kommt zum Nachtdienst, in der Hand wie immer den großen Korb: dicke Socken, die Zeitung, eine wärmende Strickjacke und das Strickzeug. Ob sie heute Nacht zum Stricken kommen wird? Wer weiß, beim letzten Nachtdienst, erinnert sie sich, war so viel los, dass sie kaum dazu kam sich mal eine Weile hinzusetzen.

Im Flur brennt die weiße Kerze im Glas. Schwester Ingrid weiß, dass dieses Licht für einen heute Verstorbenen brennt. Ob es Herr Samuel ist, oder Frau Breuer, der ging es ja seit Tagen schon so schlecht, dass man ihr nur wünschen konnte, bald sterben zu dürfen.

Nein, Herr Samuel ist es nicht, erfährt sie bei der Dienstübergabe. Aber Frau Breuer konnte heute Morgen sterben. „Gott sei Dank", sagt Schwester Erika . „Sie hatte es ja nicht leicht in den letzten Tagen, es war fast nicht mehr mitanzusehen, wie sie sich quälte. Ja, ihre Tochter war bei ihr. Sie war am Abend gerufen worden, weil man annahm, dass ihre Mutter nachts sterben würde. Aber es hat dann bis zum Morgen gedauert. Es war sehr bewegend! Am Ende war sie ganz ruhig und zufrieden, und man hatte das Gefühl, dass schließlich nach den letzten schweren Tagen, der Übergang für sie dann ganz leicht war."

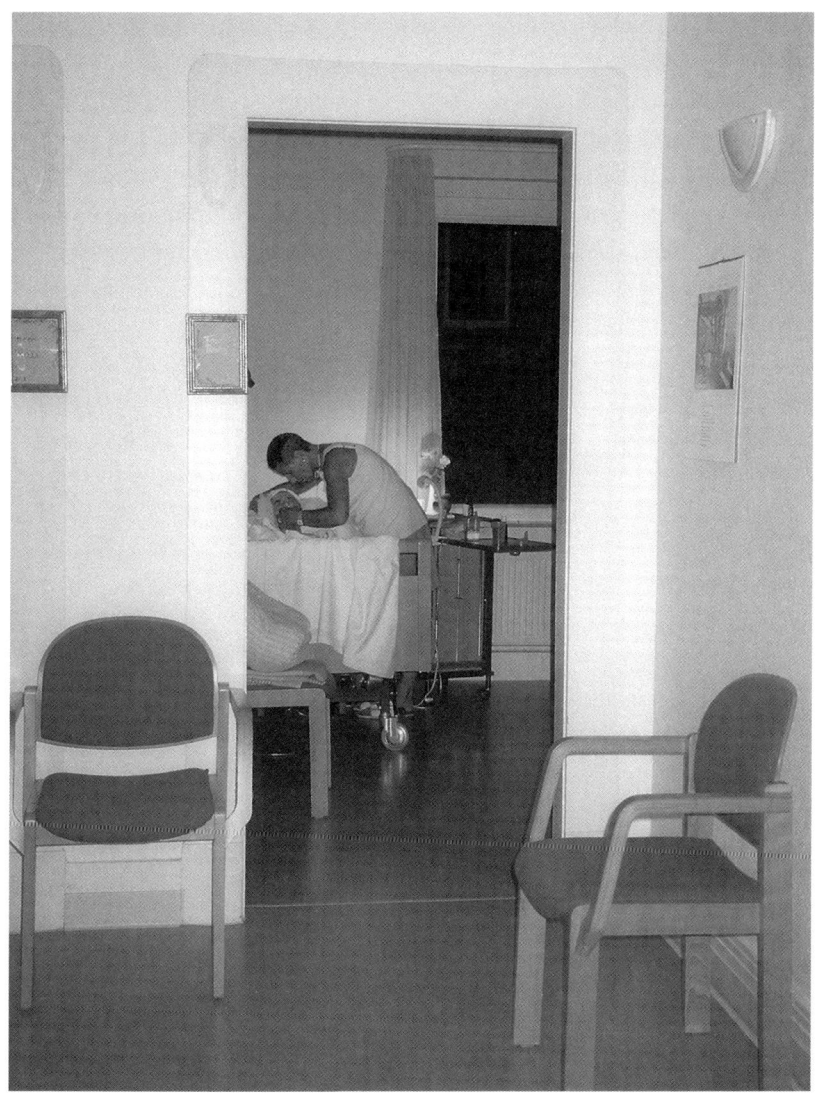

Alle weiteren Informationen werden ausgetauscht und der Karteikarte sind alle notwendigen Versorgungen zu entnehmen. Frau Heinrich bekommt jetzt eine höhere Dosis Morphin. Herrn Samuel ging es heute sehr gut. Seine ehemalige Frau und sein Sohn aus zweiter Ehe waren zu Besuch gekommen. Er hatte sich sogar wieder etwas unterhalten, nachdem er die letzten Tage sehr schweigsam gewesen war . Frau Schmidt im dritten Zimmer geht es nicht gut. Sie ist unruhig und deprimiert. Es wäre gut, immer mal wieder nach ihr zu schauen. Sie schläft wenig und grübelt wohl viel. Es kann sein, dass sie über ihre Sorgen sprechen möchte.

„In der Küche ist noch leckerer Apfelkuchen von heute, und ich habe dir frischen Kaffe gemacht, wenn du einen magst!" Mit diesen Worten verabschiedet sich die Schwester vom Spätdienst.

Gegen zweiundzwanzig Uhr kommt Marlis, eine Freiwillige Helferin. Sie hatte sich bereit erklärt, heute Nacht mit Dienst zu machen.

Schwester Ingrid und Marlis gehen zusammen durch die Zimmer. Frau Meier im ersten Zimmer schläft schon tief und fest. Frau Kraus ist noch wach und möchte noch einmal auf den Nachtstuhl. „Gut, dass wir zu zweit sind", sagt Ingrid. Frau Meier kann sich selber fast nicht bewegen. In Zimmer zwei sitzt Frau Vogel gemütlich in ihrem steil aufgestellten Bett. Sie möchte noch Fernsehen. Richtig toll sieht sie aus mit ihrem schönen Kopf, der durch die Chemo ganz kahl geworden ist, und den große Kopfhörern auf den Ohren. Marlis kennt sie schon seit einiger Zeit und erkundigt sich, wie es denn mit dem Atmen ginge. „Ja, wieder besser", erwidert Frau Vogel, aber man spürt, dass sie nicht besonders an einer Unterhaltung interessiert ist, sondern lieber ihren Fernsehfilm weiter anschauen möchte, und so gehen die beiden und schließen leise die Tür hinter sich zu. Zimmer drei ist leer. Hier lag Frau Breuer, die heute Morgen starb. Frau Breuer ist nun unten im Aufbahrungsraum. Marlis nimmt sich vor, nachher einmal nach unten zu gehen, um von ihr Abschied zu nehmen.

Herr Samuel liegt mit weit geöffneten Augen in seinem Bett. Als die beiden eintreten, erschrecken sie ein wenig. Es ging ihm doch heute so gut und jetzt ... Jetzt sieht er plötzlich sehr verändert aus und man hat das Gefühl, er sei gar nicht mehr recht da.

„Meinst du ich sollte mich zu ihm setzen?", fragt Marlis. „Ja, ich denke das wäre gut. Er hatte sich ja auch gewünscht, nicht alleine zu sein ..." Schwester

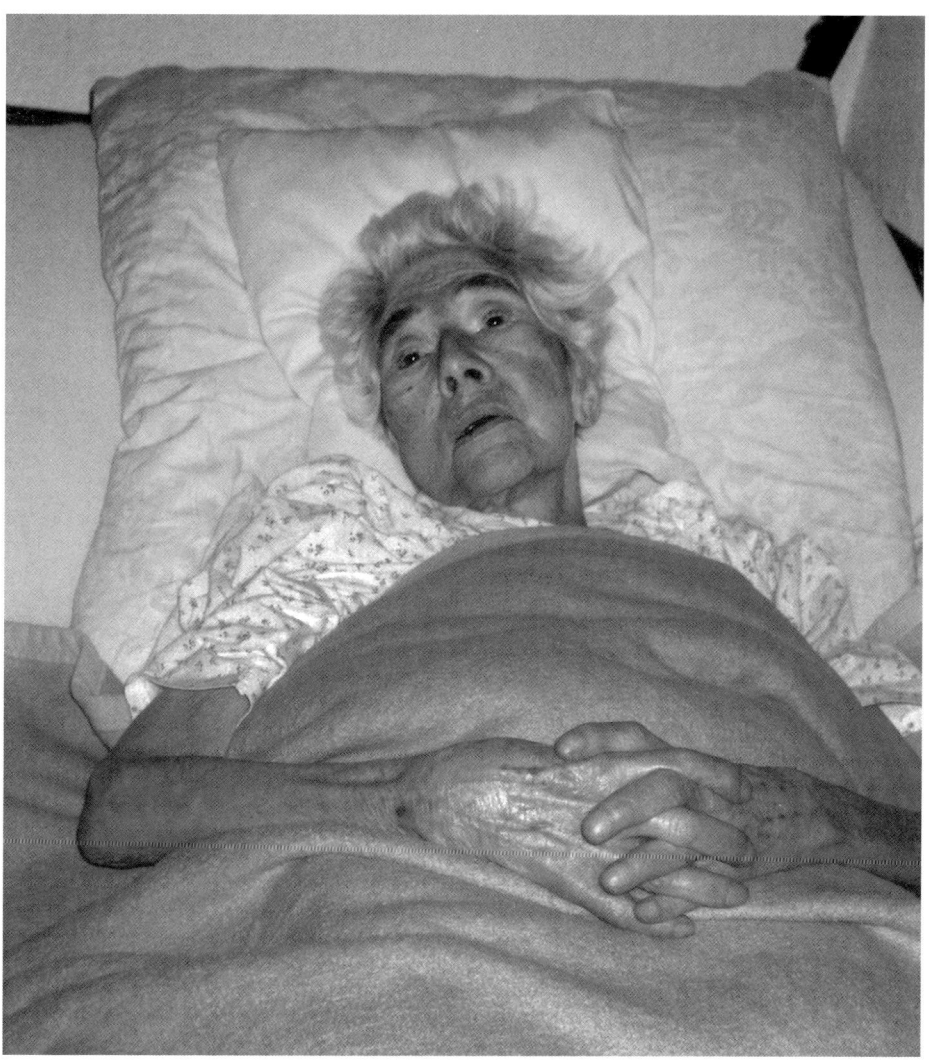

Ingrid lässt ihren Satz unvollendet. Beide schieben ganz vorsichtig den großen bequemen Sessel in das kleine Zimmer, ganz darauf bedacht, keinen Lärm zu machen. Aber Herr Samuel bewegt sich nicht und schaut unentwegt weiter in die Ferne.

Die beiden richten noch einmal zusammen das Bett von Frau Schuster. Einen frischen Schlafanzug braucht sie auch ... und noch eine neue Flasche Wasser, „dann brauch ich nicht klingeln heute Nacht". „Sie können ruhig klingeln, dafür sind wir ja da," mit diesen Worten verbschieden sich die beiden und wünschen eine gute Nacht. Frau Heinrich hatte bisher immer recht gut schlafen können, vielleicht hat sie auch heute eine ruhige Nacht.

Gegen ein Uhr geht Schwester Ingrid ins Zimmer von Herrn Samuel. Sie tritt leise herein. Marlis und sie betrachten die Züge von Herrn Samuel. Ja, es ist deutlich zu sehen, Herr Samuel stirbt. Ganz verändert sieht er schon aus, und seltsamerweise hatte er gegen Mitternacht die Hände ganz feierlich auf der Brust zusammengelegt. Das war die einzige Bewegung, die er in der ganzen Zeit gemacht hatte. „Kommst du etwas essen und einen Tee trinken? „ Marlis geht gerne mit in die Wohnküche. Vom langen Sitzen tut der Rücken weh. „Es ist gar nicht so einfach, nur dazusitzen. Meinst du, es ist in Ordnung, wenn ich Herrn Samuel jetzt kurz einmal alleine lasse? Es täte mir schon gut."

„Ja, ich denke schon", sagt Schwester Ingrid. „Wir lassen die Tür ganz weit offen, dann können wir hören, wenn sich etwas verändert."

Die beiden sitzen ganz gemütlich beieinander und erzählen sich etwas.

Als Marlis nach einer halben Stunde wieder zu Herrn Samuel hineingeht, spürt sie augenblicklich eine Veränderung. Herr Samuel atmet nicht mehr. Herr Samuel ist gestorben. „Mein Gott, ich hätte doch nicht rausgehen sollen!" wirft sie sich vor.

Schwester Ingrid tröstet sie: „Weißt du, ich habe das so oft erlebt. Man hat oft das Gefühl, dass manche Sterbende geradezu darauf warten, allein zu sein; und dann sterben sie, wenn gerade jemand für eine kurze Weile hinausgegangen ist."

Es gibt noch viel zu tun in dieser Nacht, und als Marlis gegen sechs Uhr aufbricht, um nach Hause zu fahren, sagt sie: „Ach, das kam mir vor wie eine ganz kurze Nacht, in der so viel geschehen ist."

Für Leib und Seele sorgen

**Essen
und Trinken**

Morgens gegen sieben Uhr ruft Frau Diems die Nachtschwester: „Wissen Sie, was ich mir heute Nacht überlegt habe? Heute Abend kommt doch meine Tochter, und da möchte ich ein richtig schönes Abendessen haben. Also, ich esse doch so gerne diese besonders langen Spaghetti. Die möchte ich mit einer ganz bestimmte Knoblauchsauce. Oh, das wird toll! Und vorher möchte ich gerne Krabben essen. Das erinnert mich an die Sommer an der Ostsee. Meinen Sie, es findet sich heute jemand, der mir die Krabben ganz frisch aus dem Feinkostgeschäft unten in der Stadt besorgt?

Also als Vorspeise die Krabben, vielleicht mit etwas französischem Weißbrot, dann die Spaghetti mit der Sauce. Salat? Nein, Salat hatte ich gestern. Aber hinterher, da möchte ich Eis mit Pfirsichen, diese großen aus Kalifornien. Die müsste man dann auch noch mitbringen. Na, und zum Essen ein Glas Wein. Da hab ich noch den guten, dort hinten im Kleiderschrank müsste er noch stehen. Und vielleicht noch einen Kaffe hinterher, einen kleinen italienischen...

Ich glaube das wird fast so wie früher. Wissen Sie, nach meiner Pensionierung bin ich nämlich zur Genießerin geworden. Und jetzt muss ich ja auch nicht mehr auf meine Linie achten, darauf kommt es nun auch nicht mehr an.“

Für einen kurzen Moment wird das Gesicht von Frau Diems nachdenklich und traurig. Dann aber fährt sie fort: „Und meiner Tochter wird das auch gefallen. Sie freut sich immer so, wenn es mir schmeckt. Also ich werde nachher einen Zettel schreiben, damit jemand die Sachen besorgen kann.“

Gegen neunzehn Uhr ist der große Holztisch in der schönen Küche festlich gedeckt. Kerzen brennen, blaue Servietten liegen auf den Tellern, das passt

schön zu den Krabben. Kräftiger Knoblauchduft verbreitet sich im Raum und regt den Appetit an. Frau Diems wird mit ihrem Rollstuhl zum Tisch gefahren. Sie bekommt den Ehrenplatz am Kopfende der Tafel. „Ja, genau so habe ich mir das vorgestellt." Sie strahlt. Drei weitere Gäste haben sich im Laufe des Tages noch für das Essen eingeladen.

Frau Diems prostet mit geröteten Wangen ihrer Tochter zu. „ Schön, dass du gekommen bist, heute lassen wir es uns gut gehen."

Und zum Nachtisch spielt Peter, anstatt des Kaffees, noch etwas auf dem Klavier.

Heute möchte ich
gebadet werden

Als ich Kind war, war Samstags immer Badetag. Da wurde der Ofen noch mit Holz befeuert und hinterher, wenn wir Kinder alle acht fertig waren, gabs eine Erbsensuppe. Zu zweit mussten wir baden, sonst wärs zu teuer geworden", berichtet Herr Kovalenko verschmitzt und etwas verschämt.

„Ich würde so gerne baden", hatte er gestern der Schwester gesagt und heute, zufällig ist es auch ein Samstag, wird Herr Kovalenko in dem geräumigen Badezimmer baden.

Florian, der Herrn Kovalenko nun schon seit einigen Wochen begleitet, ist heute extra ins Hospiz gekommen. Herr Kovalenko ist fast zwei Meter groß und schwergliedrig gebaut. Durch die Erkrankung kann er sich kaum mehr alleine bewegen. Zu dritt bringen sie ihn vom Bett in den Rollstuhl. Ein paar Mal stöhnt er, weil ihm manche Bewegungen einfach wehtun.

Nun schnell noch den Bademantel übergelegt und ins Badezimmer, das schon vorgeheizt ist.

Mit der großen Hebevorrichtung wird er in die Wanne heruntergelassen. Als er nun nach einigen Mühen endlich im angenehm warmen Schaumbad liegt, strahlt er. „O, tut das gut. Im Augenblick spüre ich gar keine Schmerzen, und der Körper fühlt sich so leicht an."

Florian und Herr Kovalenko bleiben miteinander alleine im Bad. Florian schrubbt ihm den Rücken und wäscht ihn behutsam von Kopf bis Fuß.

Zwischendurch haben sie auch Spaß miteinander, sie bespritzen sich ein

bisschen mit Wasser. Nur nicht zu viel, dass die Schwestern hinterher nicht zu viel aufwischen müssen.

Sogar ein kleines Segelschiffchen tanzt auf den unruhigen Schaumwellen.

Als Herr Kovalenko nach einer Stunde wieder im Bett liegt, ist er ganz erschöpft. „Toll war das", sagt er, „ein echtes Erlebnis für mich!"

Florian hat seinen Körper zuletzt noch mit der wohlriechenden Körpermilch eingerieben.

„Na, so gut haben wir es als Kinder aber nicht gehabt", sagt der Gebadete schmunzelnd, „bei uns gab es immer nur Kernseife und sonst nichts weiter."

„Möchten Sie nun noch eine Suppe?", fragt Florian.

„Ja, danke. Und dann möchte ich schlafen, einen richtigen Mittagsschlaf."

Dem Körper
wohl tun

Meine Einstellung zur Pflege hat sich hier im Hospiz deutlich verändert. Früher war sie vielmehr vom Funktionalen bestimmt. Da musste man Tage vorher planen, wenn ein Patient gebadet werden wollte. Die ganze Pflege war von der Zeitplanung bestimmt. Jetzt ist das anders. Da kann ich zunächst zu dem Patienten gehen und ihn fragen, was er will: Ob er überhaupt gewaschen werden will? Ob er vielleicht baden möchte? Oder ob er sich am Morgen noch zu schwach fühlt und lieber am nachmittag geduscht werden will, weil ihm nachmittags weniger übel ist?

Die Pflege steht für mich hier im Hospiz mehr unter dem Gesichtspunkt: dem Körper des Patienten wohl zu tun.

Und wenn ich dann merke, dass es ihm woht tut, dann tut es auch mir gut. Jemanden zu baden ist für mich ein Genuss. Ich freue mich dann daran, wie der andere sich entspannen kann und ein ganz anderer wird. Es ist, als ob sich da dann für Momente die Behinderungen auflösten.

Neulich fragte ich beim Baden Frau Bremer, was ihr nun noch fehlen würde, und sie sagte ganz spontan: ein Glas Sekt und eine Zigarette. Wir haben dann im Bad miteinander geraucht. Das sind so Situationen, wo sich Grenzen und Rollen auflösen.

Ich glaube, für mich ist die Pflege die Möglichkeit zu einer tiefen Begeg-

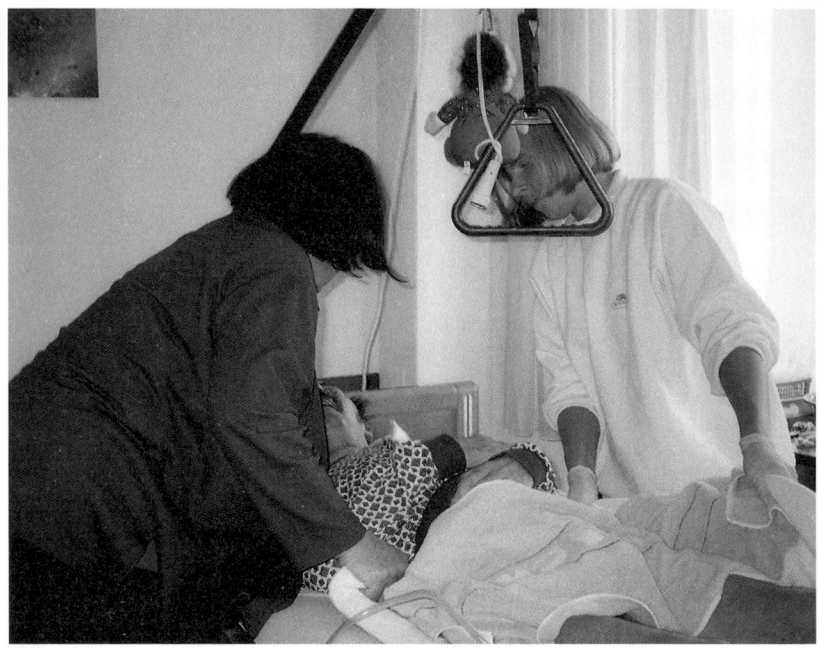

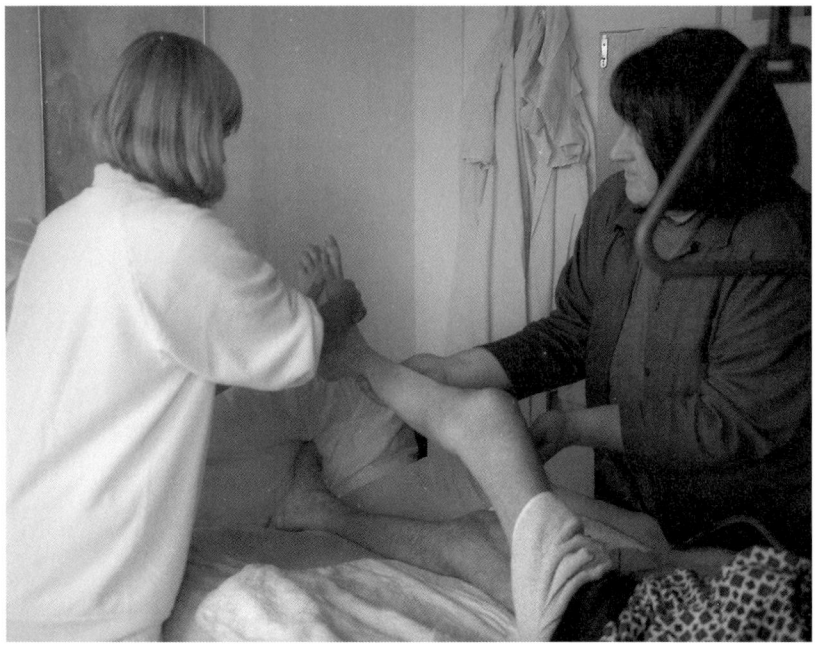

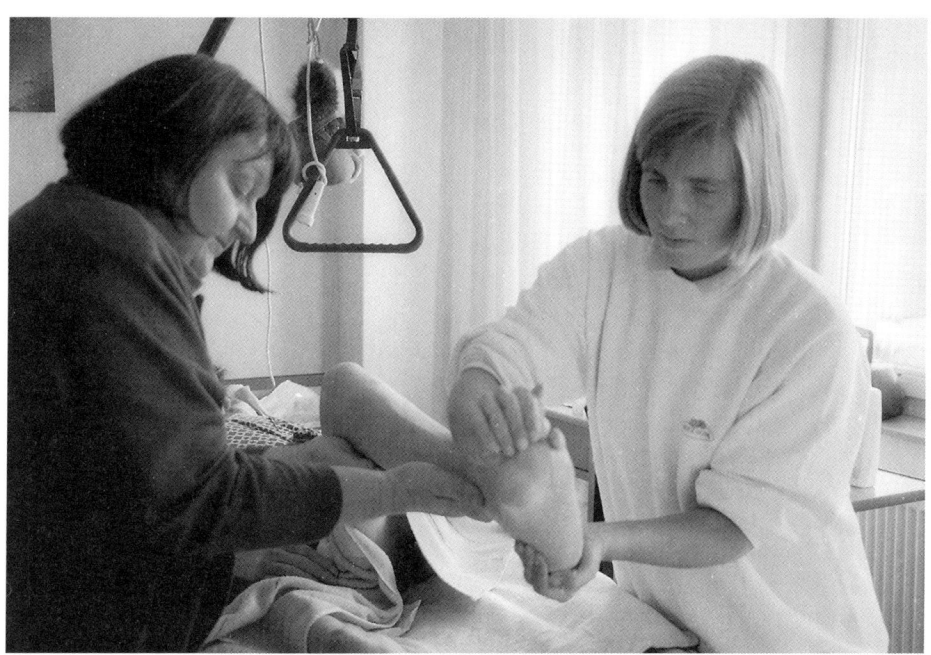

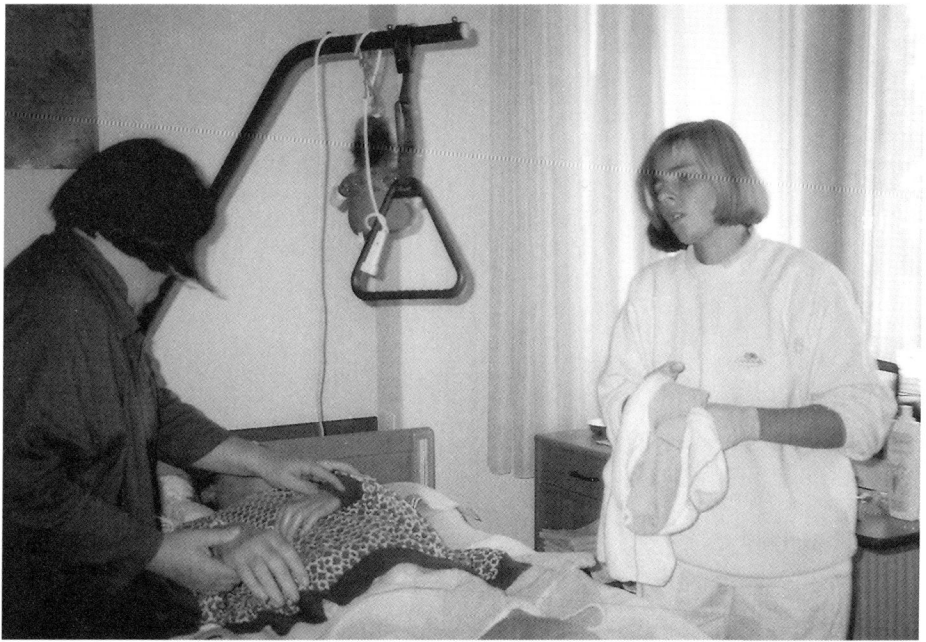

nung: Ich kann einem Menschen nahe kommen, ohne ihm zu nahe zu kommen. Das erlebe ich bei Patienten, die eher scheu und verschlossen sind oder die sich über Worte nicht so ausdrücken können, besonders stark. Über die Zuwendung zum Körper kann ich dann manchmal das seelische Empfinden des anderen berühren, gerade beim Einreiben und sanften Massieren der Füße.

Manchmal ist die Pflege auch schwer, zum Beispiel, wenn ich nicht genug Zeit habe und unter Druck bin. Oder auch, wenn meine Vorstellung, was für den Patienten jetzt gut wäre, nicht mit der des Patienten oder der Angehörigen übereinstimmt. Bei Frau Heine war es besonders schwer. Sie wollte nur auf dem Rücken liegen. Sie hat sehr klar und bestimmt gesagt: „Keinen Milimeter rücke ich – nur wenn ich so liege, sind die Schmerzen einigermaßen erträglich."

Dann ist mein Dilemma: Einerseits will ich ihren Wunsch respektieren, sie entscheidet bei klarem Bewusstsein, dass sie so liegen will und zwar mit dem Wissen, dass sie dann wund liegt, aber andererseits weiß ich um die Schmerzen, die sie haben wird, wenn sie wund gelegen ist .

Ich habe gelernt, dem Patienten deutlicher die Konsequenzen zu sagen und auch was fachlich notwendig wäre, ihm aber die Verantwortung für seine Entscheidung zu lassen. Es ist trotzdem schwer, das dann auszuhalten und dem anderen nicht meine Ansicht aufzuzwingen.

Ich verstecke meine Meinung jetzt auch nicht mehr hinter Sätzen wie „Es wird Ihnen gut tun" und „Es ist nur das beste für Sie", sondern sage klar: „Mein Bedürfnis ist es, Ihnen jetzt den Rücken abzureiben und zu erfrischen."

Schwierig ist die Pflege auch bei Patienten, die im Koma liegen. Ich kann sie ja nicht mehr fragen, was für sie richtig ist. Wir machen es jetzt immer so, dass wir Entscheidungen, die den Patienten betreffen, in seinem Beisein besprechen. Er kann sich zwar nicht mehr äußern, aber vielleicht zeigt er eine Reakion, die uns in der Entscheidungsfindung hilft. Klar, es ist immer noch meine Interpretation, es bleibt die Unsicherheit, aber ich habe dann das Gefühl, ihn mit einbezogen zu haben."

Auf keinen Fall
Schmerzen!

Als Frau Dauser starb, fanden wir in ihrem Nachttisch viele Schmerztabletten. Das hat uns sehr erschüttert, und wir haben uns viele Fragen gestellt. Hat sie vielleicht immer wieder über ihre Schmerzen geklagt, um unsere Zuwendung zu bekommen? Wollte sie vielleicht gar nicht die Medikamente? Oder hatte sie so viele Schmerzen, weil sie die Tabletten nicht genommen hat, weil sie Angst vor den Nebenwirkungen hatte?

Immer wieder erleben wir, dass Patienten zögern, die Schmerzmedikamente regelmäßig zu nehmen. Zum einen sind sie so erzogen worden, den Schmerz auszuhalten und erst Medikamente zu nehmen, wenn sie nicht mehr können. Und nun sollen sie Medikamente nehmen, ohne dass sie Schmerzen haben. Sicherlich haben viele auch immer wieder den Gedanken ans Sparen im Kopf. Die Angst: Wenn ich jetzt schon so viel nehme, dann werden sie nicht ausreichen, und dann werde ich am Ende ganz schlimme Schmerzen haben.

Manche Menschen zögern es auch hinaus, starke Schmerzmittel wie zum Beispiel Morphine zu nehmen, weil sie das Gefühl haben „dann erlebe ich irgendwie alles anders. Ich kann dann gar nicht mehr spüren, was mit mir los ist. Ich weiß dann gar nicht, wie krank ich bin, wie weit ich schon auf dem Weg bin." Für sie ist der Schmerz ein Zeichen ihrer Erkrankung, und sie haben das Gefühl: Zu einem bestimmten Zustand des Körpers gehören Schmerzen dazu.

Wir haben aber auch immer wieder erfahren, dass der Schmerz ein „erlaubter" Weg zu sein scheint, Zuwendung zu bekommen. Besucher fragen fast immer: „Hast du Schmerzen?" Wenn ja, dann bekommt der Erkrankte sehr viel Zuwendung und Mitempfinden, wenn nicht, dann wendet man sich bald einem anderen Thema zu. Von daher ist es für uns wichtig geworden, nicht gleich sofort etwas zu tun, sondern erstmal zu hören, vielleicht auch mit der Frage: Was wollen Sie, dass ich tue?

Die heutige Schmerztherapie kann nicht immer den Schmerz ganz nehmen, aber lindern. Schmerz hat immer mehrere Ebenen: einmal die körperliche, die über Medikamente angesprochen werden kann. Dann gibt es aber auch noch die psychosoziale und spirituelle Ebene. Hier sind nicht Medikamente gefragt, sondern wir als Person im Gespräch, in unserem Mitempfinden, in unserer Zuwendung, vielleicht auch im Gebet und im Ringen mit Gott.

Trotz aller Zuwendung und aller Schmerztherapie bleibt immer wieder auch ein „Unwohlsein" im Körper. Es ist dann, als ob dieser Körper „nicht mehr passt", wie „zu eng" und „zu klein" erscheint; es ist, als habe dieser Mensch dann das Bedürfnis, aus seinem Körper herausgehen zu wollen.

Der Arzt
kommt

Herr Peters liegt etwas unbequem und schräg im Bett. Er hatte geklingelt.„Ich verstehe das nicht..." Herr Peters spricht mit Pausen, und man merkt, dass es ihn anstrengt. „Ich habe mit einem Mal solche Schmerzen, hier oben rechts. Wissen Sie, was das bedeutet?" Schwester Iris tastet vorsichtig unter dem Schlafanzug die Stelle an der Schulter ab. „Nein, Herr Peters, ich kann nichts fühlen. Ist das denn vorher schon einmal so gewesen?"

„Nein , das habe ich noch nie gehabt, deshalb beunruhigt mich das ja so."

„Ja , das glaube ich Ihnen, da würde ich auch Angst bekommen, wenn man gar nicht weiß, was das bedeutet." Iris legt ihre Hand auf den Arm von Herrn Peters.

„Ich mache ihnen einen Vorschlag. Ich rufe jetzt gleich Dr. Mautz an, das ist doch Ihr alter Arzt, der sie weiter betreut, und wir bitten ihn vorbeizukommen und nach Ihnen zu schauen. Ich rufe eben an, und wenn Sie nicht alleine sein möchten, bis der Arzt kommt, kann sich Karla, die Freiwillige Begleiterin, so lange an Ihr Bett setzen. Sie ist gerade da und hat Zeit für Sie."

Anderhalb Stunden später ist Dr. Mautz da, er untersucht seinen altbekannten Patienten und unterhält sich mit ihm. „Das könnte von den Knochen her kommen, aber beunruhigen Sie sich mal nicht, das kann auch wieder verschwinden. Ich werde Ihnen etwas verschreiben, das die Schmerzen nimmt, aber den Körper sonst nicht weiter belastet. Davon können Sie dann alle drei Stunden ein paar Tropfen einnehmen. Die Schwestern hier werden ganz genau darauf achten, dass Sie die Tropfen regelmäßig einnehmen. Und morgen früh schaue ich noch mal kurz rein, und Sie sagen mir, wie es Ihnen geht. Also dann gut Nacht Herr Peters, bis morgen."

Draußen veranlasst Dr. Mautz noch, dass das Medikament Herrn Peters gleich gegeben wird.

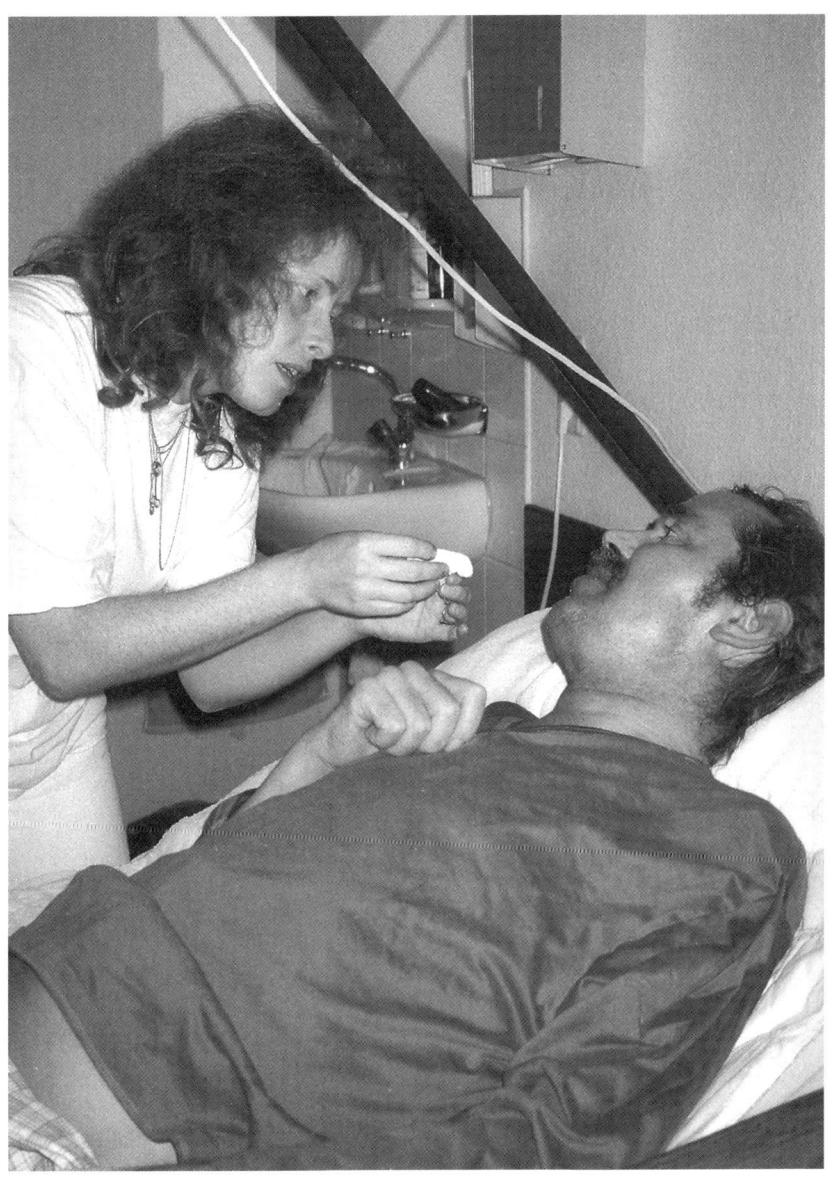

Die helfenden Hände

**Wir sitzen
alle beisammen**

Donnerstagmittag: Wir sitzen im kleinen Stationszimmer und versuchen uns auf das Gedicht einzulassen, das eine Kollegin vorliest, und auf das stille Gedenken an die Verstorbenen.

Wir, das sind die Krankenschwestern und Krankenpfleger, eine Sozialarbeiterin, die Hospizleitung, Diakonische Helferinnen und Zivis und eine Vertreterin der Freiwilligen Begleiterinnen und Begleiter.

Heute fällt es uns schwer, uns zu sammeln und innerlich zugewendet zu sein, denn es war besonders viel los auf der Station:

Heute Morgen ist Frau Bremer gestorben. In der Nacht ging es ihr schon zusehends schlechter, so dass die Nachtschwester den Sohn von Frau Bremer angerufen hatte. Er saß bei ihr am Bett, als sie dann am Vormittag starb. Eine Schwester wusch mit ihm zusammen seine Mutter. Dies war möglich, weil sie eine sehr nahe Beziehung zu einander gehabt haben. Wir versuchen, auch in der Begleitung des Verstorbenen die Angehörigen, wenn sie es möchten, mit einzubeziehen. Danach war sein Bedürfnis, ganz viel über seine Mutter und ihr gemeinsames Leben zu reden.

Außerdem kam heute Morgen eine Patientin neu zu uns. Für sie war der Weg zu uns sehr schwierig. Sie hat ALS, eine Erkrankung, bei der die Muskeln ihre Kraft verlieren. So kann sie nicht mehr sprechen und nur mit großer Mühe schreiben, und auch nichts mehr essen. Sie bekommt ihre Nahrung über eine Infusion.

Ihre Nichte begleitet sie, aber sie ist sehr unglücklich, hier zu sein. Sie wäre so gerne im Krankenhaus geblieben, der Professor hatte ihr ursprünglich versprochen, dass sie dort bleiben dürfe, aber nun ging ihr Sterben doch schon

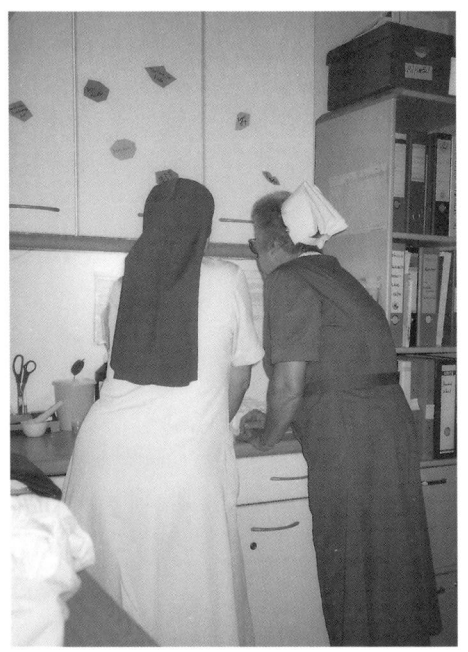

zu lange. Das Zimmer scheint ihr viel zu klein, und wir sind ihr so fremd. Das ist schwer, da sie sich ja nur ganz mühsam ausdrücken kann. Sie weinte. So brauchte auch Frau Lang unsere ganz intensive Zuwendung, damit sie spüren konnte, dass wir sie willkommen heißen und ihr ein zu Hause geben möchten und wir sie mit ihren Ängsten ernst nehmen.

Hinzu kommt noch, dass wir zwei für uns kraftzehrende Begleitungen haben. So ist die persönliche Runde, mit der wir immer die große Teambesprechung nach der Einstimmung beginnen, geprägt von Klagen, erlebtem Stress und Erschöpfung. Wie gut, dass zwei Schwestern eine Woche Ausgleichsfrei von Nachtwachen und Überstunden hatten und eine ganz andere Stimmung in unsere Runde einbringen. Diese persönliche Runde, in der jeder kurz sagt, wie es ihr oder ihm geht, ist sehr wichtig. Zum einen können wir so teilnehmen an der Sorge oder der Freude der anderen, zum anderen bekommen wir den Raum, um die Belastungen durch die Arbeit aussprechen.

Die Arbeit im Hospiz ist immer wieder anstrengend und belastend, sie führt uns oftmals an unsere eigenen Grenzen, und es ist wichtig, dass wir dies bewusst wahrnehmen und es nicht am Patienten auslassen, sondern einen anderen Ort dafür finden, wie jetzt hier unsere einmal wöchentlich stattfindende zweistündige Teambesprechung oder die Supervision.

Nach der persönlichen Runde besprechen wir, wie die Zusammenarbeit mit den Freiwilligen Begleiterinnen und Begleitern geht, wie die Einsätze waren, ob für einen Patienten, der sehr einsam ist, extra eine Freiwillige Begleiterin eingesetzt werden soll und welche Anregungen die Freiwilligen haben.

Heute geht es vor allem darum, ob wir für Frau Schröder eine Freiwillige Begleiterin organisieren, die in der Nacht bei ihr ist. Frau Schröder ist schon lange bei uns, und ihr Sterben ist für uns alle sehr schwer mitzuerleben, weil sie sehr leidet. Sie selbst wünscht sich die Nachtwache, denn ihre Angst wird stärker, wenn sie alleine ist. Sie möchte am liebsten immer jemanden bei sich haben.

Einige von uns finden das übertrieben: „So schlecht geht es ihr doch nicht – man wisse ja nicht, wie lange sich ihr Sterben hinziehen würde, das könnte ja noch viele Tage, vielleicht Wochen dauern – sie fordert viel zu viel ..." Andere von uns sagen: „Doch wenn es ihr Wunsch ist, dann sollten wir sie ernst nehmen und ihn erfüllen, so weit es für uns möglich ist – sie hat ja schon mal Nachtwachen gehabt und nach einiger Zeit war es nicht mehr nötig."

Immer wieder erleben wir ganz unterschiedliche Reaktionen unter uns im Team, wenn Patienten viele Wünsche äußern oder auch fordernd sind. Es geht dann darum zu erkennen, was unsere Reaktion von uns selber wiederspiegelt. Die meisten von uns haben gelernt, sich selbst kaum etwas zu wünschen oder zu gönnen, sondern ganz viel zu geben – haben vielleicht auch in der Familie als Kind zu wenig Zuwendung bekommen. Ihr Weg damit umzugehen war, zu geben, zu helfen, schon als Kind „kleine, vernünftige Erwachsene zu sein" und über das Geben Dank und Zuwendung zu erhalten. Begegnen sie nun aber jemandem, der fordernd ist, der zu sagen wagt „ich will etwas haben", so lebt dieser Mensch etwas, was sie nie gewagt haben zu leben, und sie reagieren abwehrend und ziehen eine Grenze.

Anderen von uns fällt es leichter, die Not hinter dem Fordern zu sehen. Sie fühlen sich auch nicht so von der Forderung unter Druck gesetzt oder angegriffen, sondern hören einen Wunsch, den sie, wenn möglich, erfüllen und, wenn nicht möglich, eben nicht.

Wir erinnern uns dann an unsere Grundhaltung, die Wünsche der Patienten ernst zu nehmen und sie innerhalb unserer Möglichkeiten zu erfüllen. So werden wir versuchen, Freiwillige Begleiterinnen für die nächsten Nächte zu finden. Wir werden der Patientin aber sagen, dass wir es nicht fest zusichern können.

Dadurch, dass wir unsere eigenen Reaktionen immer wieder im Zusammenhang mit unseren eigenen Lebenserfahrungen reflektieren, können wir sehr viel über uns lernen, so zum Beispiel vielleicht, auch öfters um etwas zu bitten.

In der Teambesprechung und in der Supervision haben wir die Möglichkeit, uns selbst zu prüfen, mit welcher Haltung wir handeln. So erzählt heute eine Schwester, dass die Begegnung mit Frau Braun immer wieder so unterschiedlich ist und sie das Gefühl habe, die spiegele genau ihre Stimmung wieder, wenn sie ins Zimmer reinkomme. Wenn sie selbst gut drauf ist, ist Frau Braun freundlich und dankbar, ist sie jedoch gereizt, unter Druck, an der

Grenze, dann wäre Frau Braun unersättlich, wolle noch dieses und jenes, würde ärgerlich, wenn man nicht gleich käme. Oder wenn Herr Meier beim dritten Mal immer noch unzufrieden ist, weil ihm der Brei zu dünn oder zu kalt ist, und immer wieder kritisiert, – aus welcher Haltung reagiere ich: Kann ich gelassen bleiben? Oder sage ich, er müsse jetzt den Brei so nehmen, weil ich einfach an der Grenze meiner Kraft bin und nicht weiß, wie ich es ihm Recht machen kann? Oder sage ich „es reicht", weil ich ihn erziehen will: Der soll lernen zufriedener zu sein? Ziehen wir eine Grenze, weil wir nicht mehr können oder aus unserer Machtposition heraus, die uns unsere Gesundheit gibt?

Bei all dem ist es aber auch wichtig, dass wir auch die schönen und bereichernden Erlebnisse miteinander teilen, uns ermutigen und uns erinnern, was unsere Motivation war, diese Arbeit zu machen. Zum Beispiel ist da von dem Ausflug mit einem Patienten zu erzählen. Wie er seit mehreren Wochen zum ersten Mal im Rollstuhl draußen war und ihm vor Staunen die Tränen kamen, weil er nicht gedacht hätte, je noch einmal die Natur so nah zu erleben.

Oder wie eine Patientin berichtet, sie sei jetzt bereit zu sterben, sie hätte heute Nacht geträumt, wie ihr Vater, der schon seit langem tot ist und zu dem sie eine sehr nahe Beziehung gehabt hat, sie abgeholt hätte und mit offenen Armen auf sie warte. In der gleichen Nacht hatte sie auch eine Begegnung mit ihrer eigenen Seele. Die Seele wohnt jetzt in ihrem Brustbein und ist mit einem zarten Seidentuch bedeckt.

Oder auch von dem Erleben der Schwestern in den Nächten. Immer wieder haben sie das Gefühl, dass einige Verstorbene, die lange bei uns im Hospiz waren oder zu denen sie eine engere Beziehung hatten, „irgendwie da wären". Wenn sie genau hingucken, sehen sie nichts. Es sind mehr Ahnungen, sie fühlen sich begleitet und tief berührt durch das Teilen der Erfahrung miteinander, „dass das normal sei".

Zu den Teambesprechungen gehört auch das Besprechen der Pflegeplanung, immer wieder das Verbessern von Abläufen, es gehört dazu, einander zu loben oder auch zu kritisieren und das Organisieren von vielen, vielen Vorgängen. So ist oftmals die Zeit sehr schnell rum.

Die Schwestern der Frühschicht sind froh, dann endlich nach Hause gehen zu dürfen, denn sie sind seit sechs Uhr da, und für die Spätschicht beginnt der Dienst.

Tagebuchaufzeichnung

Stuttgart, den 22. Juli

Komme gerade müde und erfüllt vom Dienst im Hospiz nach Hause. Mein Gott, gab es heute wieder viel zu tun!

Bei meiner Lieblingspatientin Frau Simchen konnte ich nur hin und wieder kurz reinschauen, hoffentlich ist sie nicht enttäuscht gewesen. (Ich will sie das nächste Mal fragen!)

Zuerst habe ich für Herrn Ziegler das Mittagessen noch einmal warm gemacht. Er hatte zur Mittagszeit so tief geschlafen, dass wir ihn nicht wecken wollten. Er wollte anschließend noch in den Wintergarten gefahren werden, um dort seine Zeitung zu lesen.

Frau Meier-Schönfeld habe ich dann mit einem Teelöffel kleine Mengen von Joghurt mit ihrem Medikament zusammen versucht einzuflößen. Das dauerte lange, weil sie so schwer schlucken kann, und zwischendurch dämmerte sie auch immer wieder weg.

Dann habe ich mit Annette zusammen Franz gewaschen, gerichtet und gleich das Bett neu bezogen. Während wir ihn wuschen und anzogen, hat er so komische Sachen aus seinem Leben erzählt, dass ich laut lachen musste. Er hatte einmal eine Wohnung, in der sich mit der Zeit immer mehr Mäuse ansiedelten. Tagsüber habe er sie nie gesehen, aber des nachts sei es der reinste Zirkus in seinem Schlafzimmer gewesen. Da er aber etwas gegen Mausefallen habe, hätte er sich einfach ein Hochbett auf Pfosten gebaut, und manchmal sei das richtig lustig gewesen, die ganze Mäusefamilie von dort oben aus zu beobachten.

Ich muss wirklich oft über Franz lachen, aber wenn ich dann aus seinem Zimmer gehe, wird mir immer wieder ganz schwer ums Herz. Franz ist doch erst sechsundzwanzig, und seine Frau und seine kleine Tochter haben auch AIDS.

Wenn ich den Franz so erlebe, frage ich mich, ob er weiß, wie es um ihn steht. Er ist ja fast immer gut drauf! Ich weiß gar nicht, wie er das macht.

Ja, und dann habe ich mit Frau Lohmann im Rollstuhl einen Spaziergang, oder besser gesagt eine Spazierfahrt gemacht. Im Fahrstuhl fuhren wir runter, das war ja noch bequem, aber ich merkte bald, wie anstrengend das Schieben

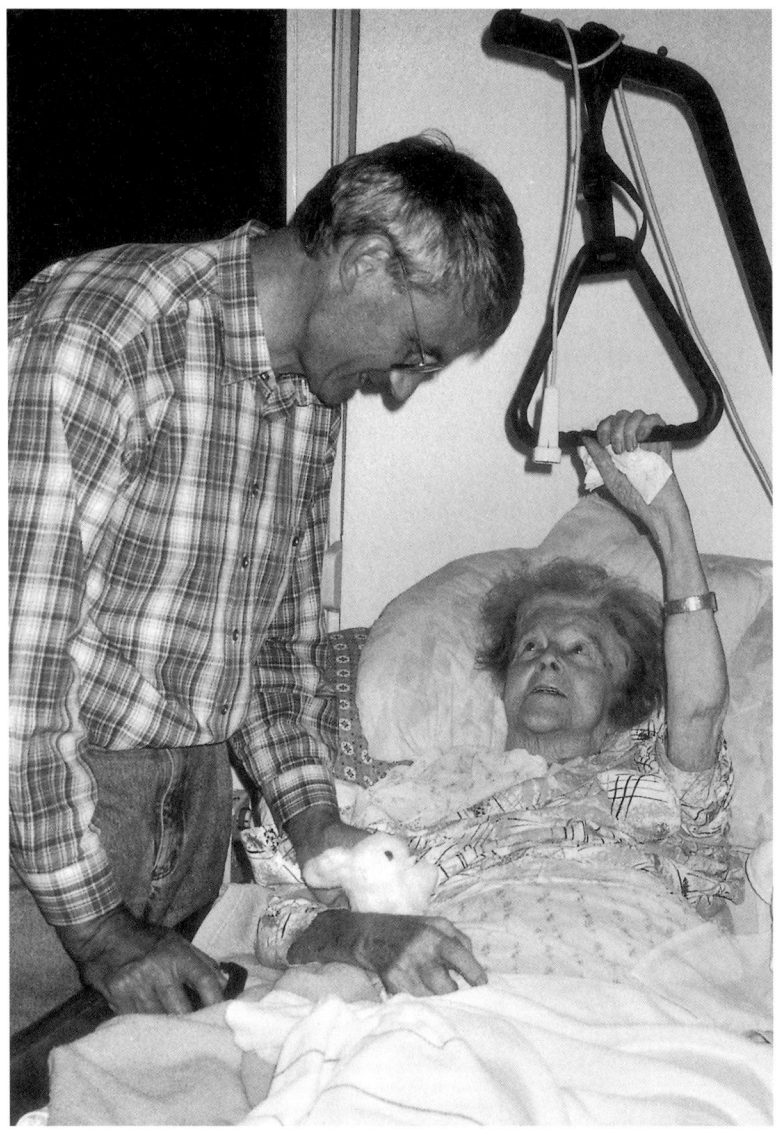

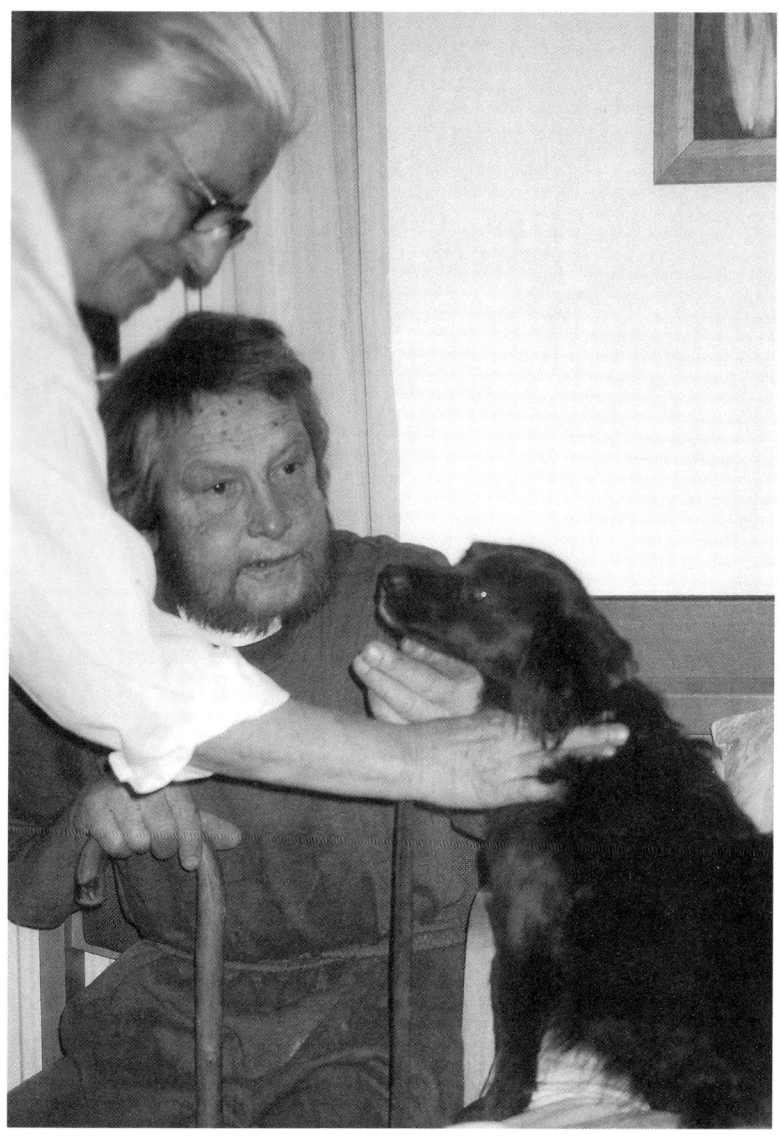

des Rollstuhls bergauf ist. Sie wollte so gerne den Schellenkönig rauf, ich habs fast nicht geschafft, und wenn ich jetzt meine Rückenschmerzen fühle, weiß ich, dass ich ihr eigentlich hätte sagen müssen, dass mir das zu anstrengend ist. (Immer wieder das Problem mit dem „Nein-Sagen". Ich glaube, im Hospiz fällt mir das besonders schwer.)

Als wir dann endlich wieder zurück waren, habe ich nur noch ein bisschen in der Küche aufgeräumt. Beim Verabschieden hat mir dann Frau Lohmann gesagt, wie schön es für sie draußen gewesen sei, und sie hat sich ein paar Mal bedankt. Sie sagte mir, dass sie früher die Natur gar nicht so gesehen habe wie jetzt. Jetzt sehe sie alles viel bewusster und intensiver. Sie hat mir dann zum Abschied sogar einen Kuss auf die Wange gegeben. Ich glaube, da werde ich das nächste Mal doch wieder Mühe mit dem „Nein-Sagen" haben.

Ein Stückchen
Heimat

Maria ist Sekretärin, Ingrid hat eine Familie zu versorgen, Hans-Dieter ist Ingenieur und allein stehend, Klara ist frühzeitig aus dem Berufsleben ausgeschieden und bezieht nun ihre Rente, Mechthild ist Lehrerin...

Sie alle sind Freiwillige Begleiterinnen und Begleiter des Hospizdienstes.

Ihre Motive, warum sie in der Begleitung Sterbender mitarbeiten möchten, sind unterschiedlich und einander doch auch wieder ähnlich.

Sie möchten helfen, etwas Sinnvolles tun, sie sind bereit, einen Teil ihrer Zeit in den Dienst anderer zu stellen, sie möchten hilfreich sein für Menschen, die sich in einer Lage befinden, in der sie fürsorgliche Hilfe brauchen.

Den meisten der Freiwilligen Begleiterinnen ist es aber wohl auch bewusst, dass sie sich auf diesen Dienst einließen, weil sie auch etwas für sich selber erhofften. Einige von ihnen drücken das so aus: „Ich weiß oft nicht, ob ich die Gebende bin und die Sterbenden die Nehmenden. Manchmal kommt mir mein Einsatz geringer vor als das, was ich dafür erhalte." Und mit dem Erhalten sind keineswegs materiellen Güter gemeint.

Eines dieser Geschenke in der Sterbebegleitung ist für viele von uns die Zugehörigkeit zu einer Gruppe, die sich im Abstand von zwei oder drei Wochen trifft. Nach einer oft jahrelangen Zugehörigkeit kann ein Gefühl von tiefem

Vertrauen, von Verbundenheit und Geborgenheit da sein. „Meine Gruppe ist so ein Stückchen Heimat für mich, sie schenkt mir das Gefühl von Beheimatetsein, das ich sonst nicht so kenne." In diesen Gruppen werden persönliche Erlebnisse, Entwicklungen und Probleme sowie die Fragen, Unsicherheiten und Erfahrungen in den Begleitungen miteinander geteilt. Manchmal ist sie der Ort, wo wir unserer Trauer und unserem Schmerz Ausdruck geben können, wenn ein Mensch, den wir begleiteten, gestorben ist.

Immer wieder lassen wir es uns aber auch einfach gut gehen. Oft findet sich ein Mitglied, das uns mit seinem Beitrag erweitert und bereichert, und nicht selten essen und trinken wir miteinander, und es entsteht ganz spontan so etwas wie ein kleines Fest.

Ohne uns, so wissen wir, könnte der Hospizdienst in dieser Form gar nicht arbeiten, und ohne uns hätte er ein ganz anderes Gesicht, eben ein nur professionelles.

Jeder Freiwillige Helfer bringt durch seine ganz eigene Person und seinen besonderen Lebenshintergrund ein Element der Lebendigkeit und der Vielfalt mit hinein.

Das innere Erleben

**Noch einmal
ganz fest drücken**

Frau Gall ist gestern zu uns gekommen. Es geht ihr sehr schlecht. Als ich zu ihr gehe, schläft sie gerade. Ich setze mich zuerst still zu ihr und lasse meinen Blick auf ihrem Gesicht verweilen. Ich atme ihren Atem mit ihr und versuche, mich für sie zu öffnen. Nach einiger Zeit fange ich leise an zu sprechen: „Guten Tag, Frau Gall. Ich setze mich für eine Weile zu Ihnen ans Bett. Ich hoffe, das ist in Ordnung für Sie?"

Sie öffnet die Augen, und wir schauen uns gegenseitig an. Ein Blick, der sehr tief geht. Dann sagt sie: „Das ist ja prima. Phantastisch. So blaue Augen. So schöne Augen." – „Ja, und diese Augen schauen Sie an und versuchen Sie wahrzunehmen." Da sie auf meine Berührung an der Hand sehr offen eingeht, berühre ich ganz sanft ihren Kopf und streichele sie. Sie genießt die Zärtlichkeit sehr.

Dann berührt sie mich auch am Kopf. Es ist eine tiefe Begegnung, in der sich Grenzen auflösen, und wir tauchen in einen endlosen Raum ein und sind. Sie räkelt sich genüsslich und genießt ganz hingebungsvoll meine Nähe.

Zwischendurch schläft sie wieder ein und wacht dann mit der Frage auf: „Was stopft denn die Frau da?" (Im Zimmer ist niemand.) „Vielleicht macht sie etwas wieder ganz?" Mit meiner Antwort schläft sie wieder ein.

Dann: „O Gott, o Gott, vielleicht kriegen die mich hier wieder hin. Das habe ich doch noch viel zu wenig gehabt." Sie meint die Zärtlichkeit und Nähe. Sie weint, und ich halte sie im Weinen in meinen Armen. Auch mich schmerzen ihre Tränen. Dann wird sie ruhiger und schläft ganz tief ein.

Ich denke nach dem Besuch: „Auch wenn sie wenig Zärtlichkeit erfahren hat in ihrem Leben, hat sie jetzt etwas so intensiv erlebt, wie vielleicht nur wenige erfahren: Zärtlichkeit, Nähe so annehmen, sich so in die Wärme eines anderen Menschen, der ihr ja noch unbekannt war, fallen zu lassen, wer kann das schon?

Am nächsten Tag gehe ich wieder zu ihr. Sie erkennt mich gleich: „O ja, ich erkenne Sie. Diesmal will ich Sie aber ganz fest drücken." Und sie drückt mich mit sehr viel Kraft, so dass ich kaum glauben kann, dass es die gleiche Frau ist, die eben noch so schwach und sterbend da lag. Wieder gucken wir uns lange in die Augen. Sie schläft zwischendurch immer wieder ein, öffnet dann die Augen und sagt wieder: „Ich will Sie noch einmal ganz fest drücken." Am nächsten Tag stirbt sie.

Es geht nichts ohne Hilfe

Immer wieder kommen Patienten ins Hospiz, die nicht mehr reden können. Sie haben eine Krebserkrankung im Mund- oder Rachenraum oder eine langsam fortschreitende Lähmung der Muskeln, bei der dann auch die Stimmbänder gelähmt werden und sie nicht mehr sprechen und schlucken können.

So auch Frau Schneider. Ihre Stimme haben wir nie gehört. Nur mühsam kann sie schreiben, da auch die Hände kaum noch Kraft haben. Manchmal fällt es uns schwer, die Schrift zu entziffern. Was uns immer wieder erstaunt, dass sie die Wörter zu Ende schreibt, auch wenn wir das Wort schon erkannt haben und obwohl es sie unendlich anstrengt und sie lange Zeit zum Schreiben braucht.

„Ich habe mich zu einer Kämpferin entwickelt. Wenn ich was holen will, geht es nicht ohne Hilfe. Ich kann doch nicht jedes Mal jemanden herklingeln, wenn ich zum Beispiel Tempos brauche oder Nagelpflege oder die 1000 Nützlichkeiten."

Ich bestätige, dass es sehr schwer sein muss, so abhängig zu sein.

„Es geht schon, mit gegenseitigen Abstrichen." Und dann, nach einiger Zeit: „Ich mag nimmer." Ihr Gesicht ist voller Schmerz und Verzweiflung – ein einziger großer, lautloser Schrei.

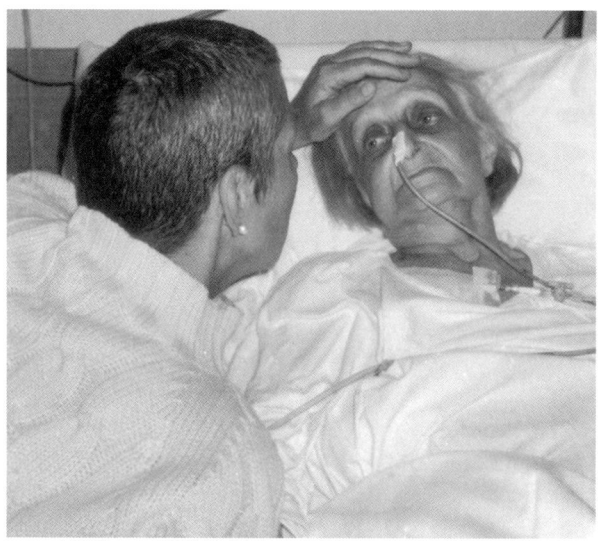

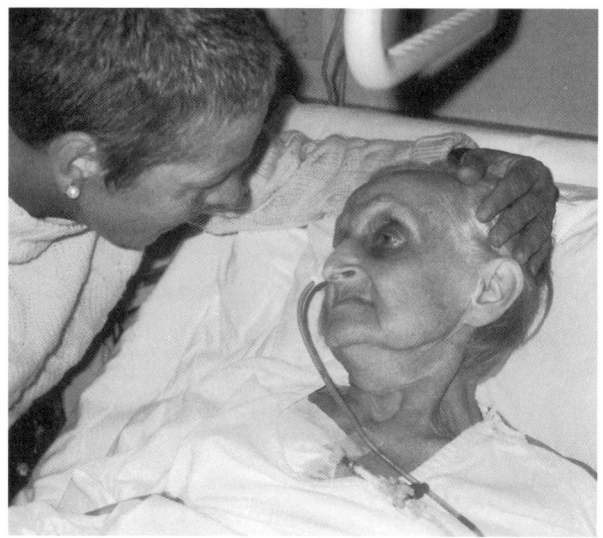

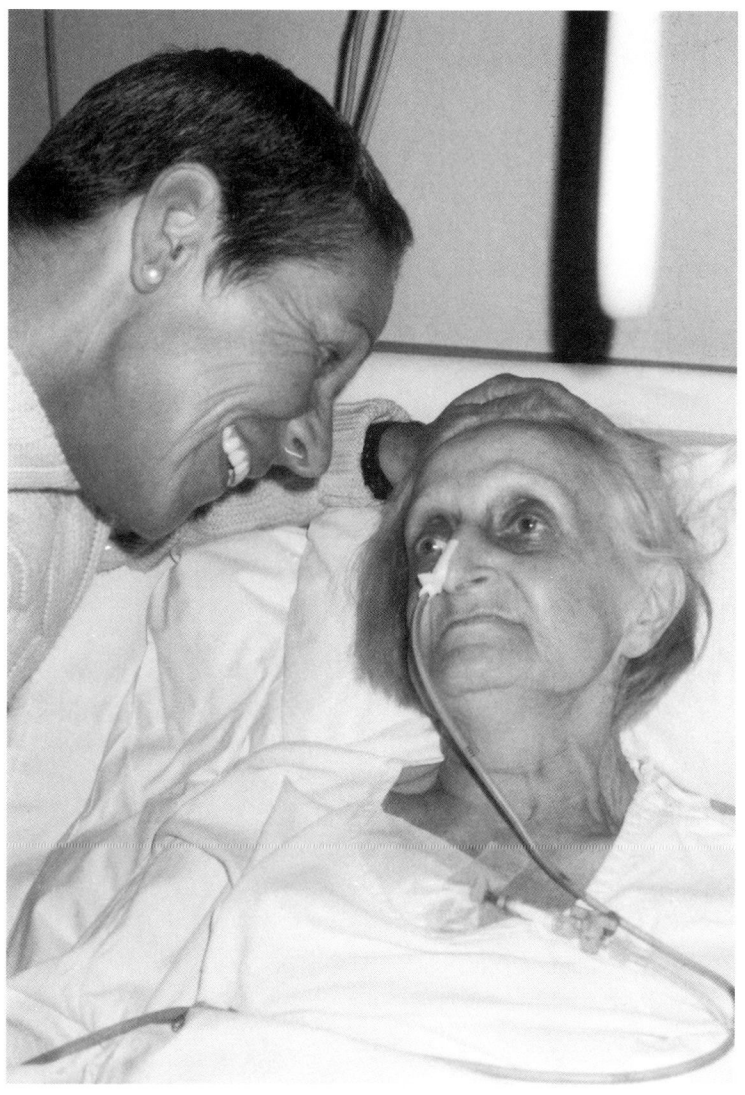

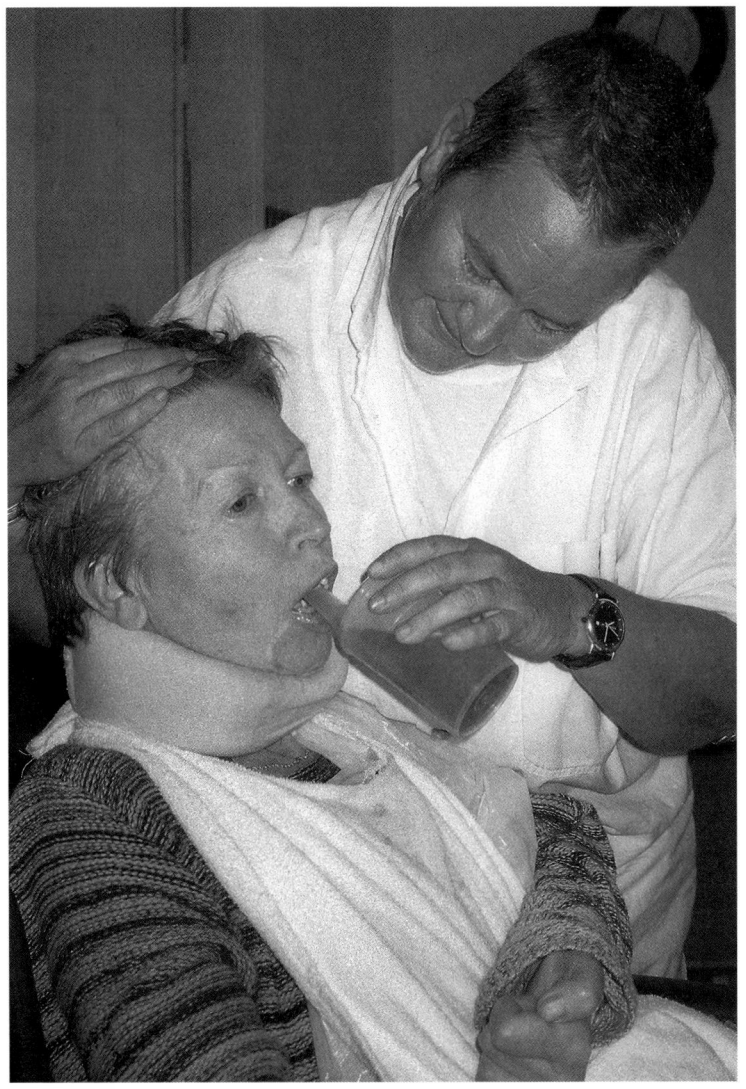

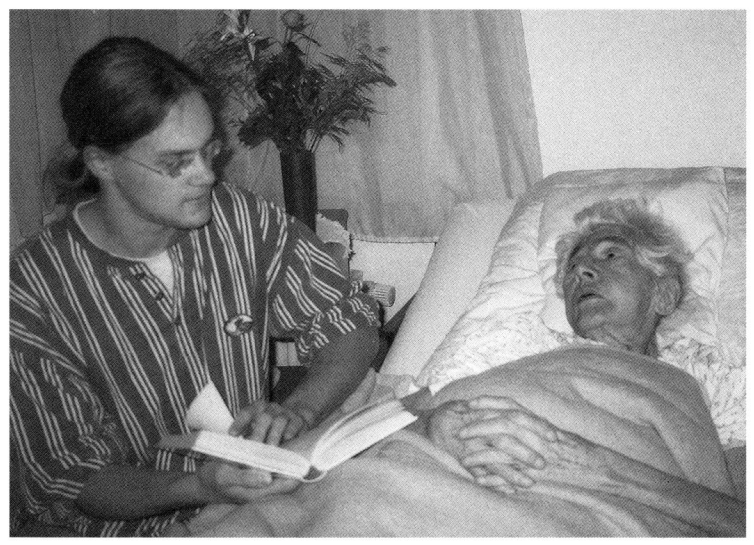

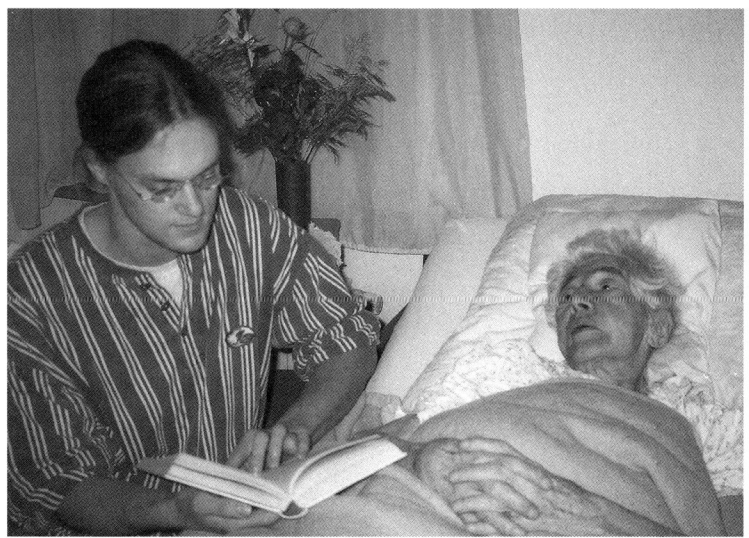

„Es scheint Ihnen viel zu lange zu dauern, und Sie hoffen auf den Tod?"

„Das hat der Professor im Krankenhaus schon lange erwartet, aber ich bin halt noch da."

„Sie sehnen sich nach dem Tod - und ist auch Angst da?"

„ Nur ein bisschen. Mann kanns nicht üben."

„Ja, das stimmt. Am liebsten hätten Sie es wahrscheinlich schon hinter sich."

„Ich kann andere nicht in Gewissensnot bringen, bei mir den Draht durchzuschneiden."

Wieder ist ihr Gesicht ein einziger Schmerz und Schrei. Dann schreibt sie: „Nicht weinen, die Welt hat noch so viel Schönes, liebe Menschen, schöne Landschaften, ich gehe viel spazieren in der Erinnerung, rede mit denen, die nicht mehr da sind."

Ich habe keine
Hoffnung mehr ...

Es ist so furchtbar wenn man Schmerzen hat, das würde ich meinem ärgsten Feind nicht wünschen". Zwei Jahre lang hat man mich falsch behandelt. Ich habe zu dem Arzt in der Klinik gesagt: „Das verstehe ich nicht ..."

Er erklärte uns: „Die Geschwüre konnte man nicht sehen, die saßen so weit hinten. Jetzt können wir nur noch den ganzen Magen entfernen ...

Später sind wir dann überall herumgefahren, um eine Chemo zu bekommen. Aber wir sind überall abgelehnt worden ...

Ein Professor sagte mir: „ Sie brauchen den Mantel gar nicht erst auszuziehen, auch für die schwächste Chemo sind Sie zu schwach, das hat keinen Wert mehr ..."

Das ist schlimm , dass man keine Hoffnung mehr hat.

Mein Mann sagt immer: „Du darfst die Hoffnung nicht aufgeben, es kann ja doch noch ein Wunder geben ..."

Aber ich glaube an kein Wunder mehr, die Ärzte haben doch alle gesagt ..."

Drei Tage später starb Frau Eisenmann im Beisein ihres Mannes sehr ruhig.

**Der Duft
der Rosen**

Frau Merck liegt in ihrem Bett mit dem bunten Bezug, das Kopfende ist leicht hochgestellt. Sie kann sich seit einiger Zeit kaum mehr bewegen: „Die Metastasen in den Knochen, ach ich muss so vorsichtig sein."

Lisa, die Freiwillige Begleiterin, betritt das Zimmer.

„Hallo, schön, dass Sie heute kommen. Nehmen Sie sich doch bitte den Stuhl von da drüben."

„Sie haben heute aber einen wunderbaren Strauß Blumen, Frau Merk", sagt Lisa, nachdem sie sich erst noch nach ein paar anderen Dingen erkundigt hat. Auf dem runden Tisch am Bett von Frau Merck steht ein großer üppiger Blumenstrauß.

„Ja, stellen Sie sich vor, gestern war eine Arbeitskollegin von mir, das heißt besser gesagt, meine Nachfolgerin im Amt hier. Sie hat ihren Garten ja geradezu für mich geplündert. Schauen Sie mal, was da alles drin ist, die vielen Rosen.Und jetzt müssen Sie einmal an der großen Teerose in der Mitte des Straußes riechen. O, dieser Duft! Man kann gar nicht sagen, wie schön er ist. Wunderbar, nicht wahr! Ja, das ist erst mit der Krankheit gekommen. Ich habe gelernt, dass es immer noch etwas Schönes gibt, etwas zum dran freuen. Und wenn man darauf achtet, dann hat man doch jeden Tag noch eine kleine Freude, und das ist so wichtig."

**Ein Nachmittag
mit den Bäumen**

Die Herbstblätter taumeln von den regennnassen Bäumen, drehen sich für eine Weile in der Luft und sinken dann lautlos herab. Einige von ihnen fallen auf das Glasdach des Wintergartens und bilden dort ein kunstvolles Muster bunter Blätter.

Herr Geltz sitzt schon seit Stunden in dem bequemen Sessel auf Rollen, über seinen Beinen liegt eine Wolldecke, damit ihm nicht kalt wird. Neben ihm liegt auf einem Schemel die Schmerzpumpe mit dem Morphin. Immer wieder

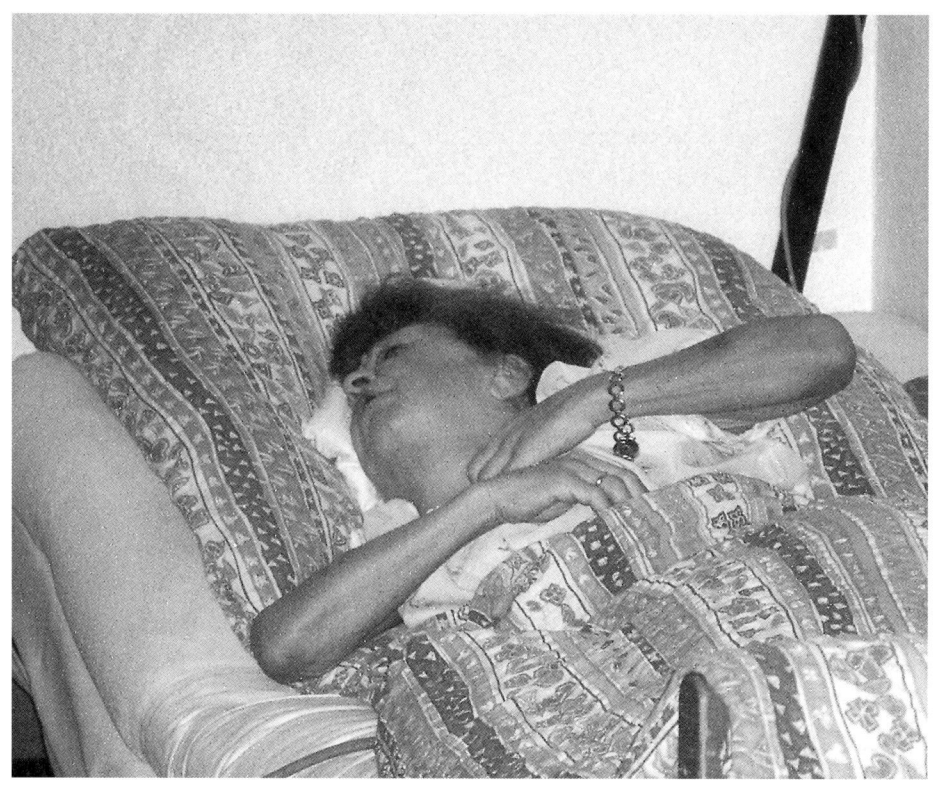

einmal schaut Schwester Marlis nach ihm, fragt, ob er etwas braucht oder wieder in sein Zimmer zurück möchte.

„Nein danke, ich möchte noch bleiben, es ist so schön hier", sagt er.

Als es dann so dämmrig wird, dass auch das Fallen der Blätter kaum mehr zu sehen ist, lässt er sich zurück in sein Zimmer fahren.

Beim Auskleiden erzählt er: „Das war heute ein guter Tag. Ich hatte kaum Schmerzen. Ich habe dagesessen und den Blättern zugeschaut und wissen Sie, ich war ganz zufrieden . Früher war das anders bei mir, da musste immer was los sein. Hier im Wintergarten hat man das Gefühl, ganz in der Natur zu sein, und dabei friert man nicht mal bei dem regnerischen Wetter. Gegen Abend hat sich dann ja die Praktikantin ans Klavier gesetzt und mir ein paar Sachen gespielt, das war richtig gemütlich."

Das Geheimnis
der Zeit

Dort unten in der Stadt läuten die Glocken. Ihr Tönen läutet den Abend ein. Frau Antonia liegt sterbend in mehrere Kissen gebettet. Ihr Körper ist nur mit einem Leinentuch bedeckt, da es, selbst jetzt gegen Abend, noch so heiß ist.

Jeder Atemzug, jedes Ein- und jedes Ausatmen teilt die Zeit in gleichmaßige Intervalle, ja es scheint, in ihrer Nähe messe sich die Zeit an ihrem Atmen. Es ist das Atmen vom Leben in den Tod, der Atem, der gleichsam eine Brücke vom Diesseits in Jenseits bildet.

Wieder schlagen die Glocken dort in der Ferne. Einmal, zweimal – die Zeit vergeht. Heute oder morgen, irgendwann nach einem Glockenschlag wird der Atem von Frau Antonia verstummen. Immer wieder stehen wir in der Gegenwart Sterbender vor dem Mysterium der Zeit. Und immer wieder müssen wir demütig erfahren: Wir wissen nicht um die Zeit, wir wissen nicht, wann sie für einen Menschen abgelaufen ist. Manchmal können wir es ahnen. Oftmals ist die Lebenszeit um einiges länger als wir dachten, manchmal ist sie kürzer, die letzte Lebenszeit, gemessen an Atemzügen und dem Schlagen der Glocken.

Himmel
und Hölle

Meinen Sie es gibt die Hölle? Ich denke nämlich, ich komme in die Hölle. Ich war nämlich kein guter Mensch. Und vor der Hölle, da habe ich schreckliche Angst."

„Und Sie meinen, weil Sie nicht richtig gelebt haben, müssten Sie das dann nach dem Tod büßen?"

„Ja natürlich, das denke ich. Strafe muss sein!"

„Das heißt, dass Sie sich Gott wie einen strengen Richter vorstellen, der Sie dann verurteilt?"

„Also, mit Gott kann ich nicht viel anfangen, den kann ich mir nicht richtig vorstellen. Aber die Hölle, die gibt es, das weiß ich."

„Hat Ihnen das Ihr Vater oder Ihre Mutter gesagt – wenn du nicht artig bist kommst du in die Hölle?"

„Nein, mein Vater nicht, der ist im Krieg gefallen, da war ich noch ganz klein. Ich kann mich gar nicht an ihn erinnern. Meine Mutter, die hatte auch immer Angst vor der Hölle. Und uns drei Buben hat sie halt immer gesagt: ‚Ihr müsst so leben, dass ihr nicht in die Hölle kommt.' Und das hab ich halt nicht geschafft. Ein Versager war ich, ein schwarzes Schaf, und dann hab ich auch noch mit dem Trinken angefangen. Aber so ein Leben wie meine Mutter wollte ich auch nicht. Die hat sich ihr Leben lang nur abgerackert und keine Freude gehabt."

Nach einer stillen Pause, in der viel Nachdenklichkeit zu spüren ist, sagt er mit einer weichen, fast ängstlichen Stimme: „Also glauben Sie nun an die Hölle, an die Strafe und das Feuer und so ...?"

Wiederum nach einer nachdenklichen Weile:

„ Ach wissen Sie, ich denke die Hölle und – den Himmel – die tragen wir einfach in uns ... auch schon hier."

„Ja , da haben Sie recht, das kann man wohl sagen. Also meine eigene Hölle, meine Privathölle sozusagen, die kenne ich! Für mich war das Leben oft eine Hölle, wissen Sie."

„Ja, das glaube ich Ihnen, Sie habens nicht leicht gehabt. Und jetzt ist es ja auch nicht so einfach. Und kennen Sie neben all dem Schweren auch ein bisschen den Himmel?"

„Sie meinen, wo einfach Glück ist und Frieden? Na ja, manchmal schon. Zum Beispiel nachts, wenn ich die Sterne angeschaut habe, und es war so still, dann habe ich mir vorgstellt , dass ich da oben bin, und dann fehlte mir in dem Moment nichts. Das war schon ein bisschen Himmel.

Also Sie glauben, dass es keine so ganz richtige Hölle gibt, mit Teufeln und dem Fegefeuer und so, Sie wissen schon?“

„Nein, so, in der Form glaube ich es nicht.“

Nach einem langen Seufzer:

„Ach, das wäre ja schon der Himmel, wenn es das nicht gäbe. Aber ich glaube ich verstehe Sie. Sie meinen, das gäbs mehr so innen, innen in uns Menschen. Ja, darüber muss ich jetzt erst einmal nachdenken.“

Worte zwischen hier und drüben

**Auf die andere
Seite kommen**

Frau Schneider schrieb auf eine Tafel:

„Ich habe noch keine Ernte eingefahren!"

Herr Martin wünschte sich, dass sein Krankenbett von der einen Seite des
Zimmers zur anderen Seite unter das Fenster geschoben wurde.
Er bemerkte dazu:

„Ich komme da sonst nicht hin.
Ich komme sonst nicht auf die andere Seite.
Ich finde den Weg nach Hause sonst nicht."

Klaus sagte immer einmal wieder:

„Ich will da rauf.
Ich habe dort oben ein Zimmer und das ist viel schöner.
Ich möchte ein Vogel sein und da hinauf fliegen."

Frau Arlich fragte:

„Ich kann mir das nicht vorstellen,
gibt es denn im Jenseits auch Häuser,
in denen man wohnen kann?"

Beim betrachten eines Vogels sagte sie:

„So ein Vögele möcht' ich sein und einfach davonfliegen."

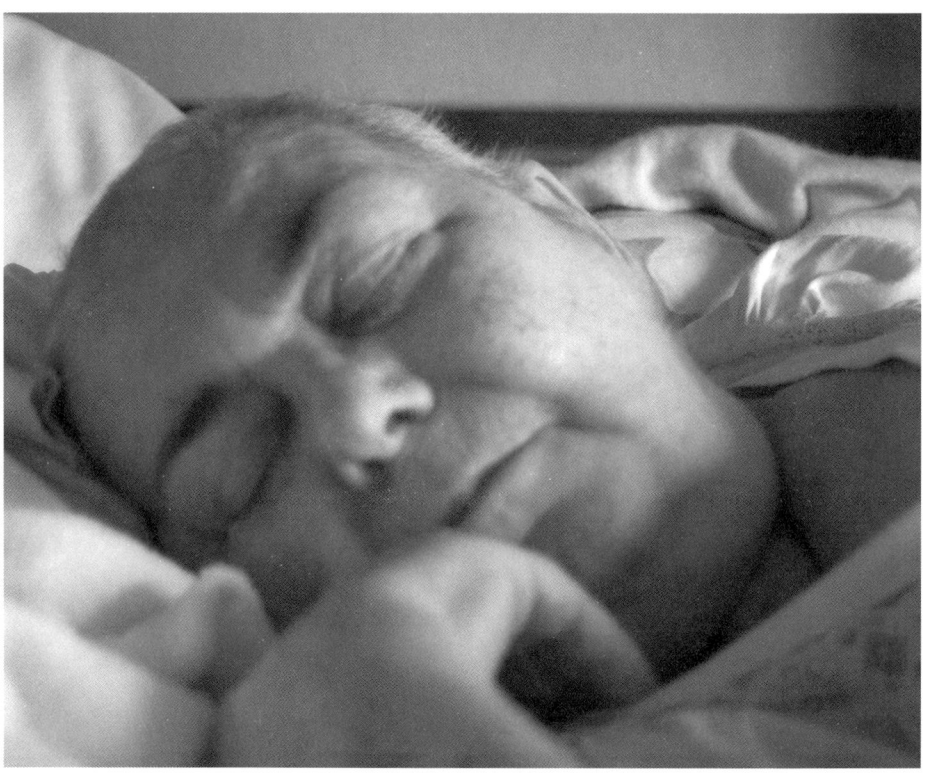

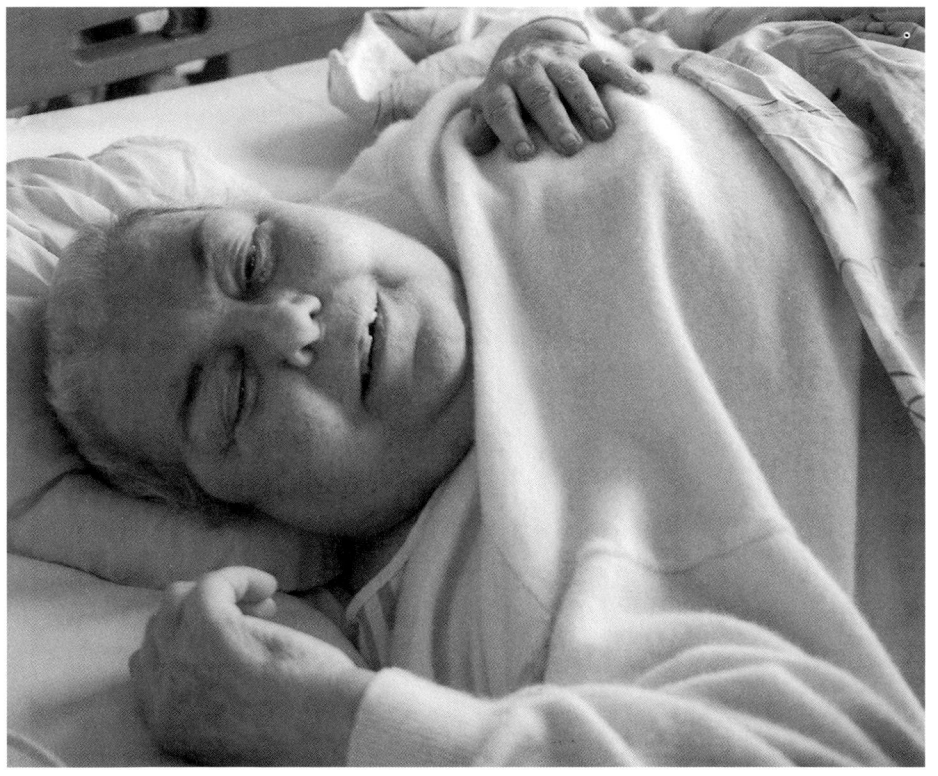

Frau Arlich erzählte einen Traum:

„Mich träumte, ich säße auf einer Bank vor einem Haus und dachte –
da kann ich doch noch nicht hinein.
Ich fühlte mich ganz allein dort auf der Bank.
Ist man denn dort ganz allein?"

Einige Tage vor ihrem Tod sagte sie:

„Ich fühle keine Unterschiede mehr."

Am 25. April, einen Tag, bevor sie starb, sagte Frau Arlich:

„Loslassen, loslassen – warum nicht?
Sterben, sterben, sterben."

Herr Stoll sagte in seinem Sterben immer wieder:

„Meine Frau lässt mich nicht im Stich. Sie kommt in letzter Minute.
Ist das Fenster offen?
Dass sie rein kann! Mach das Fenster auf, damit sie kommen kann!
Haben Sie das Zimmer neu geweißt? Ganz hell ist es jetzt!
Jetzt kommt sie! ... Jetzt kommt sie!
Meine Sonne!
Die Mami, sie kommt!"

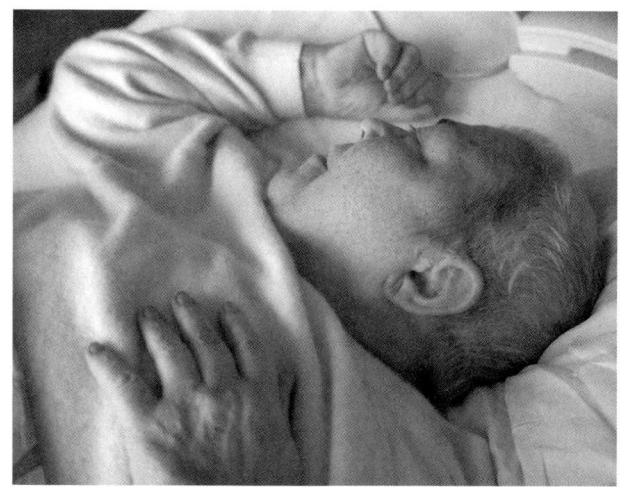

Der Abschied

**Die letzten
Tage**

Herr Ludwig liegt im kleinen Zimmer zum Garten hinaus. Schon früh morgens hört man die Vögel singen, und erst abends wird es ganz still dort draußen im Grünen. Die Tür zu seinem Zimmer steht fast immer offen, so dass man immer wieder sehen kann, wie es ihm geht und ob er etwas braucht, ohne jedes Mal die Türe öffnen zu müssen und ihn vielleicht zu stören.

Herr Ludwig liegt nun schon seit Tagen fast gänzlich unbeweglich in seinem Bett. Seit längerer Zeit hat er das Essen verweigert, und seit mehreren Tagen trinkt er nun auch nicht mehr. Herr Ludwig liegt in seinem Sterben, ein langes, langsames Sterben, und niemand weiß, warum es so lange dauern kann. Vor einigen Tagen hatte er plötzlich die Hände wie im Gebet zusammmengelegt. Es war eine erstaunliche Geste, denn man wusste von ihm, dass er nicht viel von Gott, der Religion und „all diesen Dingen" hielt.

Hin und wieder kommen Besucher, setzen sich still an sein Bett, bleiben eine Weile und gehen dann wieder mit einem leisen Abschiedswort oder einem Streicheln über seine Hände.

An ihm lernten wir ganz besonders, lernen es aber auch an allen anderen Sterbenden immer wieder, dass das Sterben, das Sterbenkönnen, der Weg zum endgültigen Loslassen, immer wieder ein Mysterium ist und uns ein großes Geheimnis bleibt.

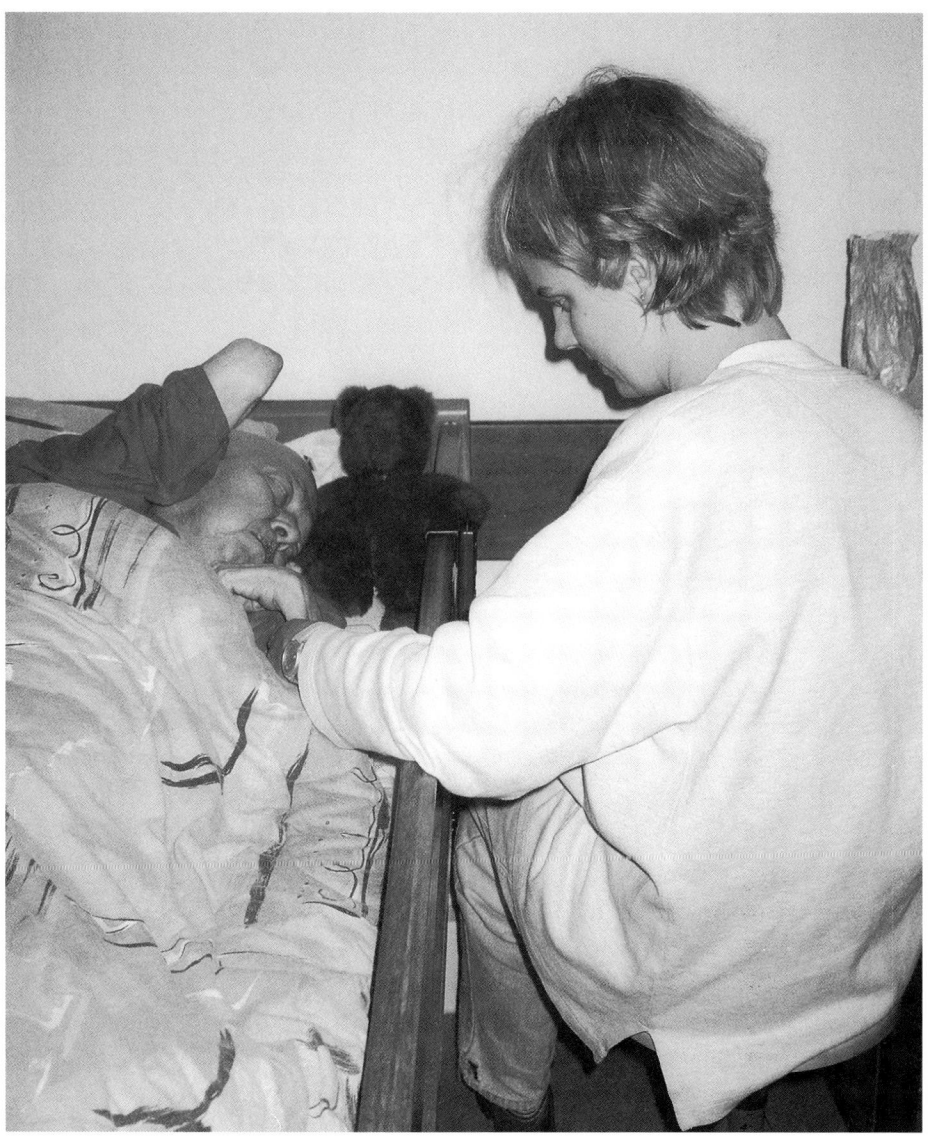

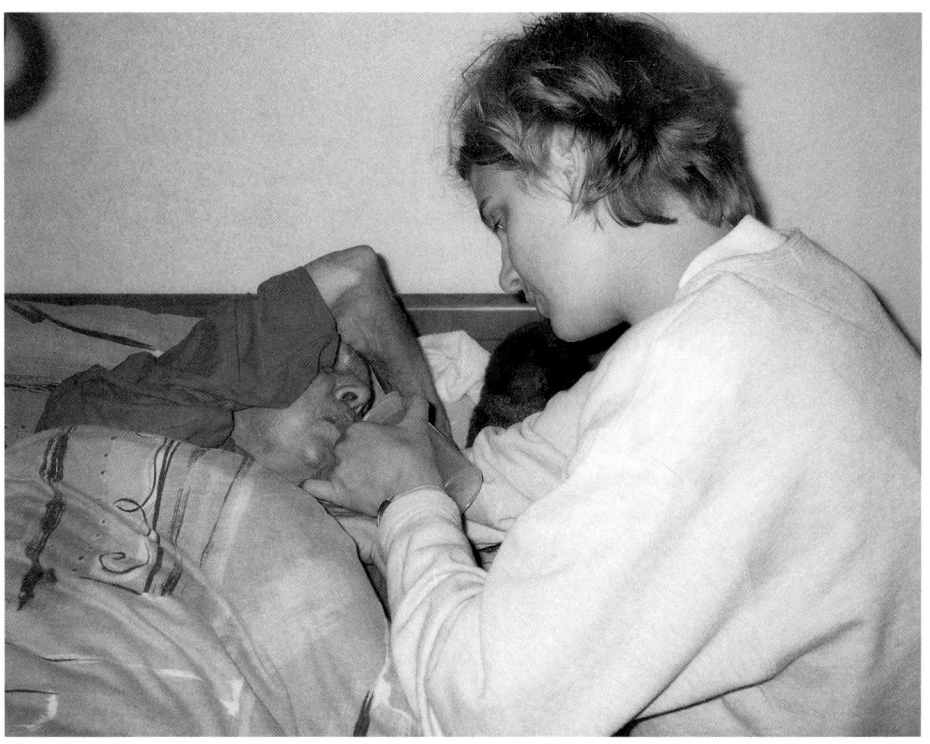

Nun ist es
so still

Noch einen Atemzug, eine längere Pause, ein Ausatmen, wieder eine Pause, die Stille dehnt sich, wird länger über allen Zweifel hinaus.

Herr Schmidt hat seinen letzten Atemzug getan, er ist nun tot, die Funktionen seines Körpers sind zum Erliegen gekommen. Es ist still geworden im Raum.

Es ist die Stille, die wir nur am Toten erleben, die „Totenstille", die so schwer zu begreifen ist. Das Auge sucht unbewusst Anzeichen des Lebens, des „doch-noch-Lebens". Hat sich da nicht doch noch einmal die Brust gehoben, hat das Auge geblinzelt? Nein, ich weiß, es ist das Ungewohnte, das hier so schwer zu verstehen, oft so schwer anzunehmen ist.

Im Betrachten des Toten lasse ich innerlich los, gebe es auf, auf das zurückkehrende Leben zu warten. Ich nehme es an: Herr Schmidt ist endgültig tot, er hat das irdische Leben verlassen.

Ich schließe die Augen und versuche behutsam zu spüren, was nun ist. Für eine Weile spüre ich nur das rhythmische Schlagen des eigenen Herzens. Dann wird mein Herzschlag ruhiger, der Atem beruhigt sich, langsam zieht auch in mich Stille und Ruhe ein. Ich öffne mich der Qualität des Augenblicks. Im Lauschen und Spüren denke ich: Friede, es ist einfach ein umfassender, tiefer Friede, anders kann ich es nicht benennen. Es ist eine Ruhe, die, so spüre ich es tiefer, umfassender ist, als wir sie sonst kennen.

Ich will spüren,
wie sie langsam kälter wird

Heute Morgen hat es mich so gedrängt, ins Hospiz zu fahren. Ich konnte die Nacht über kaum schlafen. Nachdem ich zehn Minuten da war, ist meine Mutter gestorben. Endlich hat sie den Weg geschafft. Aber neben diesem Gedanken ist es für mich auch noch ganz unfassbar.

Und wie sich ihr Gesicht verändert hat! Ganz entspannt sieht sie aus, auch wenn das Gesicht eingefallener wirkt. Auch der dicke Arm ist jetzt, nach einer Stunde, wieder normal geworden. Als ob die Spuren ihres Leidens weichen.

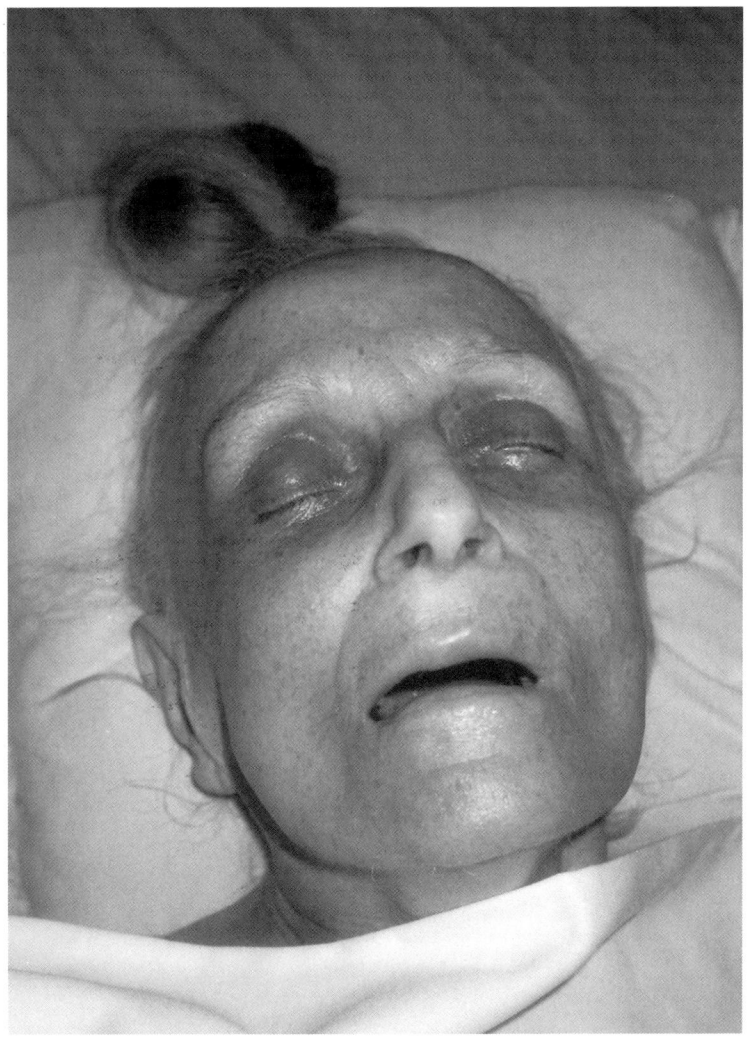

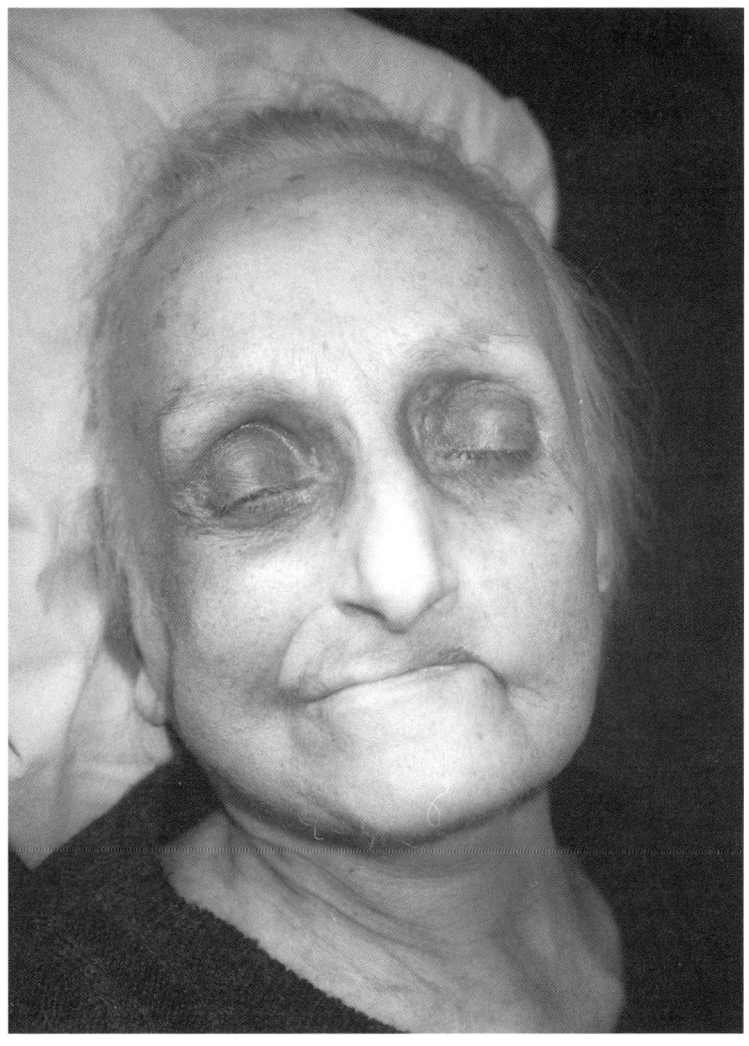

Ich will bei ihr bleiben. Ich will sehen und spüren, wie sie langsam kälter wird. Nein, eigentlich will ich ihre Wärme so lange spüren, wie es möglich ist. Jetzt sind ihre Arme noch warm. Es ist gut, ihren Körper noch so vertraut zu spüren, bald wird er ganz verändert sein. Aber so lange wie nur möglich will ich sie warm spüren. Am liebsten möchte ich ihre Wärme halten. Sie ganz warm einpacken, damit die Kälte des Todes sie nicht ergreifen kann.

Aber ich weiß, dass es zwecklos ist. Es geht nicht. Je länger ich hier sitze, desto mehr begreife ich, dass sie jetzt endgültig tot ist. Aber begreifen kann ich es doch nicht. Es ist schon komisch, was da passiert, wenn man so lange am Bett der toten Mutter sitzt. Ein Teil von mir kann den Tod verstehen, ich spüre die Kälte, sehe die Entspannung auf ihrem Gesicht und ein anderer Teil in mir schreit: Nein, ich will sie noch behalten!

Wenn ich jetzt ganz alleine wäre, könnte ich das nicht aushalten. Aber so guckt immer mal wieder eine Schwester vom Hospiz herein, setzt sich zu mir und redet leise mit mir, oder wir schweigen zusammen. Manchmal gehe ich zwischendurch mal raus und esse mit den anderen. Es tut gut, so von den anderen ins Alltägliche, Normale mit hineingezogen zu werden.

Zwei Tage lang bin ich bei meiner Mutter im Zimmer des Hospizes gesessen. Ich bin immer wieder reingegangen und habe sie angeschaut. Manchmal mit Liebe, dann wieder mit einem großen Staunen. Jetzt ist sie ganz kalt. Das ist schon unheimlich, aber so kann ich ihren Tod besser begreifen. Es ist, als hätte mein Herz diese Zeit gebraucht, um ihren Tod zuzulassen. Ich spüre und weiß jetzt: In ihrem Körper ist kein Leben mehr, und doch spüre ich sie in meinem Herzen sehr nahe.

**Mein Freund ist
heute Morgen gestorben.**

Ein angenehmer Duft von Vanille verbreitet sich im Haus, aus einem Öllämpchen. Frau Winter wird mit ihrem Rollstuhl in den Raum der Stille gefahren. Sie möchte an der Aussegnungsfeier von Herrn Reuter teilnehmen. Zwei Verwandte von Herrn Reuter sind auch gekommen, um ihn noch einmal zu sehen und sich von ihm zu verabschieden.

Ulrich, der Herrn Reuter in den letzten Wochen hingebungsvoll begleitet hat, hat den Aufbahrungsraum festlich hergerichtet. Drei dunkelrote Rosen mit einer langen Efeuranke, die Kerzen am Kopfende des Verstorbenen und die eine große Kerze zu seinen Füßen, man spürt, dass all das mit Liebe hergerichtet wurde. Leise spielt Musik im Hintergrund, die mit ihrem sanften Tönen den Raum „erwärmt".

Die Nachtschwester und Ulrich hatten Herrn Reuter am frühen Morgen gewaschen und ihm seinen besten Anzug angezogen. Das hatten Herr Reuter und Ulrich zu Lebzeiten noch miteinander besprochen.

Einige Stunden hatten sie Herrn Reuter nach seinem Sterben einfach so, wie er gestorben war, in seinem Bett liegen gelassen. Ulrich hatte still neben ihm gesessen und versucht, ihn innerlich weiter zu begleiten. Dass der Tote erst einmal so liegenblieb, wie er verstorben war, vermittelte ihm ein Gefühl von Stimmigkeit und Frieden.

In der kleinen Abschiedsfeier spricht Ulrich den Verstorbenen noch einmal als seinen Freund Karl an. In dem, was er sagt, spürt man seine tiefe Verbundenheit.

Warm fällt das Licht der Kerzen auf das Gesicht von Herrn Reuter. Schaut man ihn länger an, vermeint man ein Lächeln, das er schon lange nicht mehr hatte, in seinen Zügen zu entdecken, und etwas Lichtes ist um seine Augen.

Gemeinsam sprechen wir langsam und bedacht das Vaterunser, und nach einer stillen Pause spricht Ulrich den letzten Segen.

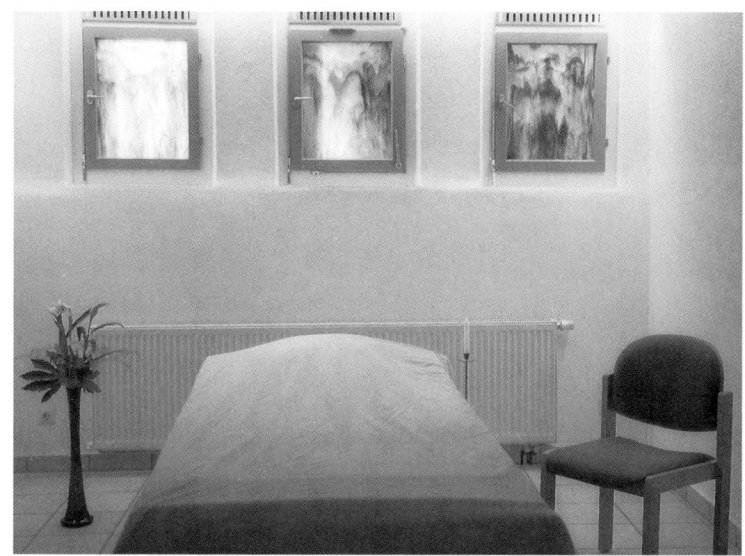

Danken und Gedenken

Ob ihr, ihr Toten, unseren Dank auf irgendeine Weise hören oder fühlen könnt, wir wissen es nicht. Schön wäre es, für uns und möglicherweise auch für euch, wenn ihr wüsstet, wie viel wir von euch lernten, von jedem Einzelnen von euch, auf ganz unterschiedliche Weise. Wenn wir an euch denken, geht viel Wärme durch unser Herz.

Den Angehörigen danken wir für ihre Offenheit und dafür, dass wir teilnehmen durften an dem Reichtum ihrer Beziehungen.

Den Menschen im Hospiz gilt unser Dank, dass sie dieses Buch so bereitwillig unterstützt haben. Wir hoffen, dass es vielen Menschen diese Art des gut begleiteten Sterbens nahebringen wird.

Daniela Tausch-Flammer · Lis Bickel

Adressen

Da es inzwischen sehr viele stationäre Hospize in Deutschland gibt und auch immer wieder neue eröffnet werden, geben wir hier nur die Adressen der Dienste an, die überregional arbeiten. Sie können sich dort nach einem Hospiz in Ihrer Umgebung erkundigen.

Deutschland

Bundesarbeitsgemeinschaft Hospiz
Renkerstraße 45
52355 Düren
Tel. 02421-599472
Fax 02421-599473

Deutsche Gesellschaft für
Palliativmedizin e.V.
Von-Hompesch-Straße 1
53123 Bonn
Tel. 0228-6481361
Fax 0228-6481851

Deutsche Hospiz-Stiftung
Hohle Eiche 29
44229 Dirrmund
Tel. 0231-7380730
Fax 0231-7380731

Deutscher Caritasverband
Karlstr.40
79104 Freiburg
Tel. 0761-200381
Fax 0761-200609

Diakonisches Werk der EKD
(Referat Hospiz)
Stafflenbergstraße 26/28
70184 Stuttgart
Tel. 0711-2159484
Fax 0711- 2159512

Gemeindekolleg der VELKD
(Projekt „Sterbende begleiten")
Berlinstraße 4-6
29223 Celle
Tel. 05141-53014
Fax 05141-53016

Internationale Gesellschaft
für Sterbebegleitung und
Lebensbeistand (IGSL)
Rheinblick 16
55411 Bingen /Rhein
Tel. 06721-10318
Fax 06721-10381

Omega (Zentrale für Deutschland)
Schlesierplatz 16
34346 Hannoversch Münden
Tel. 05541- 4881 und 5356
Fax 05551- 4076

Österreich

Dachverband der Initiativen
für Sterbebegleitung
Lainzerstr.138
A-1130 Wien
Tel. 0043-1-804759353

Schweiz

Berner Hospiz
Asylweg 16
CH-3027 Bern
Tel. 0041-31-9929383
Fax 0041-31-9929352

International

European Association for Palliative
Care
National Cancer Institute, Milan
Via Venezia 1
I-20133 Milano
Tel. 39-2-2390792
Fax 39-2-70600462

Hospice Information Service
St. Christophers Hospice
51 Lawrie Park Road
London SE 26 6DZ
GB
Tel. (44) 1817789252
Fax (44) 1817769345

Die Deutsche Bibliothek – CIP Einheitsaufnahme

Die letzten Tage : Leben und Sterben im Hospiz / Daniela Tausch-Flammer ; Lis Bickel. - Stuttgart : Kreuz, 1999
   ISBN 3-7831-1721-6

1 2 3 4 5   03 02 01 00 99

© Kreuz Verlag Stuttgart 1999
Ein Unternehmen der Dornier-Medienholding
Postfach 80 06 69, 70506 Stuttgart, Tel. 0711-78 80 30
Produktion: Ulrich Ruf, Freiburg
Reproduktionen: Koppenhöfer, Mundelfingen
Druck und Bindung: Freiburger Graphische Betriebe
ISBN 3-7831-1721-6

Das Sterben menschlicher gestalten

Elisabeth Kübler-Ross schildert in diesem Buch »einfühlsam die verschiedenen Verhaltensweisen der Sterbenden und die erforderlichen Reaktionen der Umgebung. Sie will nicht nur durch ihre Arbeit in Krankenhäusern den Sterbenden helfen, sondern auch den Angehörigen. Das Buch ist ein leidenschaftlicher Appell, das Sterben wieder menschlicher zu gestalten«. So urteilte der Bayerische Rundfunk über das vorliegende Werk.

Elisabeth Kübler-Ross
**Interviews
mit Sterbenden**
240 Seiten, Paperback

KREUZ: Was Menschen bewegt.

Trauern erlaubt

Barbara Dobrick
198 Seiten, Paperback
Bestell-Nr. 0986

Wenn Erwachsene ihren Vater oder ihre Mutter
beerdigen, wird ihnen oft kaum zu trauern erlaubt.
Auch sie selbst meinen, das sei der Lauf der Welt.
In Wahrheit geht es um viel Grundsätzliches, das
im eigenen Leben zu ordnen ist.

KREUZ: Was Menschen bewegt.

www.kreuzverlag.de

Sterbebegleitung

Werner Schweidtmann
220 Seiten, Paperback
Bestell-Nr. 1075

Oft fehlen Klinik-Personal und Seelsorgern fundierte Kenntnisse für die Sterbebegleitung. Dieses Buch hilft professionellen Helfern helfen.

KREUZ: Was Menschen bewegt.

www.kreuzverlag.de